Manfred Gerland

Männlich glauben

Manfred Gerland

Männlich glauben

Eine Herausforderung für den spirituellen Weg

KREUZ

© KREUZ VERLAG
in der Verlag Herder GmbH, Freiburg im Breisgau 2014
Alle Rechte vorbehalten
www.kreuz-verlag.de

Umschlaggestaltung: agentur idee
Umschlagmotiv: © shutterstock
Autorenfoto: © privat

Satz: de·te·pe, Aalen
Herstellung: CPI books GmbH, Leck

Printed in Germany

ISBN 978-3-451-61256-5

Inhalt

Vorwort

Vor einigen Jahren besuchte ich eine kirchliche Fort-
bildungsveranstaltung zum »Sakralen Tanz«. Vierzig
Frauen und nur vier Männer hatten sich zu diesem Kurs
eingefunden – und ich mittendrin. Schon beim Warming-
up war die Dominanz des Weiblichen deutlich spürbar.
Frauen in bewegungsbequemer Kleidung füllten den Raum
mit ihren schwingenden, wogenden und ausladenden Bewegungen. Nun wurden wir von der Anleiterin aufgefordert, die »strahlende Sonne« in einer Geste zum Ausdruck
zu bringen. Unsicher schaute ich mich in der Runde um
und sah, dass alle mit den Armen eine runde und krei-
sende Bewegung machten. Noch ehe ich darüber nachdenken konnte, was meine Geste sein könnte, fühlte ich
mich ebenfalls zu einer großen kreisenden Armbewegung
veranlasst. Ähnliches wiederholte sich in den nächsten
Stunden noch einige Male und bereitete mir zunehmend
Unbehagen.

Am Abend zogen wir Männer uns zurück, um uns über
unsere Befindlichkeit in diesem Kurs zu verständigen. Bei
so viel weiblicher Präsenz und Körperlichkeit fühlten wir
uns irgendwie überrollt und fragten uns, ob die improvi-
sierten und einstudierten Bewegungsabläufe unserem
männlichen Empfinden entsprächen. Die Kursleiterin er-

mutigte uns schließlich zu eigenen männlichen Ausdrucks- und Bewegungsformen, was uns allerdings in der Folge nur sehr bedingt gelang.

Männlich glauben – wie geht das eigentlich in einem Umfeld, in dem Frauen durch ihr zahlenmäßiges Übergewicht und ihr selbstbewusstes Auftreten Räume und Atmosphären in Kirche und Gesellschaft bestimmen und Männer zunehmend auf dem Rückzug sind?

Männer brauchen heute Ermutigung und Unterstützung, sich ihres Glaubens und ihrer Spiritualität zu vergewissern und sich eigene männliche Zugänge zu erschließen, die ihrer Natur und Persönlichkeit entsprechen. Dazu will dieses Buch eine Orientierung geben.

Es kann aber auch eine Hilfestellung sein, dass Frauen auf ihrem spirituellen Weg den männlichen Anteil ihrer Persönlichkeit (*animus*) entdecken, stärken und integrieren wie umgekehrt die Männer ihren weiblichen (*anima*). So sind die Attribute »männlich« und »weiblich« nicht nur biologisch zu definieren, sondern markieren auch unterschiedliche Wege des Glaubens, die nicht an ein Geschlecht gebunden sind.

Einige Leser werden das, was in diesem Buch als typisch männlich oder typisch weiblich vorgestellt wird, für sich nicht nachvollziehen können und anders empfinden, vielleicht, weil die Darstellung des Männlichen manchmal sehr allgemein und typisiert erscheint. Ich möchte damit jedoch oft nur eine Tendenz beschreiben.

Als Modell für einen männlichen Glauben schien mir die Figur des Christophorus beinahe vorbildlich, der – wie

Martin Luther bereits feststellte – »nicht eine Person ist, sondern ein Ebenbild aller Christen. Die Geschichte will nicht eine Historie sein, sondern will das christliche Leben vor Augen malen« (aus einer Predigt vom 25. Juli 1529). Die Geschichte des heiligen Christophorus trägt sehr starke legendäre Züge und birgt in sich viele archaische und archetypische Bilder und Motive, die manchmal sehr fremd erscheinen, aber durchaus geeignet sind, einen spirituellen Weg zu beschreiben, zu entdecken und nachzuvollziehen.

Jedes der nachfolgenden Kapitel schließt mit einer Übung oder einer konkreten Anregung zur Praxis ab, die zeigen, dass »männlich glauben« sich nicht in theoretischen Erwägungen erschöpft, sondern ein Übungsweg ist, der erst in der Wiederholung einzelner Schritte gangbar wird. Die Übungen sind wirklich als Übungen gedacht, das heißt: Lesen Sie bitte die Anleitungen mehrmals durch, prägen Sie sich die einzelnen Schritte ein. Legen Sie dann das Buch aus der Hand und beginnen Sie mit der Übung.

Ich danke allen, die direkt oder indirekt an der Entstehung dieses Buches beteiligt waren, besonders den Männern aus den Kursen und den Teilnehmern der Pilgerwanderungen des Klosters Germerode sowie dem Männertreff Herleshausen, denen ich viele Anregungen verdanke.

Das Buch ist meinen Kindern Maira, Manuel, Hanna-Maria, Samuel und Gabriel gewidmet.

Kloster Germerode, im Februar 2014
Manfred Gerland

Männer und Religion – eine Problemanzeige

Religion ist im sogenannten christlichen Abendland Frauensache geworden. Männer tun sich schwer, einen Zugang zu ihr zu finden. Viele von ihnen umgehen, ja fliehen geradezu die Welt der Religion und nehmen Abstand von der Kirche.

Der Auszug beziehungsweise der Rückzug der Männer aus dem kirchlichen Leben in den letzten fünfzig Jahren ist eklatant. Männer sind nicht nur religiösen Fragen gegenüber distanzierter als Frauen, sondern auch in der Partizipation am kirchlichen Leben auffällig und zunehmend auf dem Rückzug. Nach wie vor sind zwar die höchsten Leitungsämter sowohl der römisch-katholischen als auch der evangelischen Kirchen in Deutschland vorwiegend von Männern besetzt, aber auch das ändert sich gerade. In den Leitungsämtern der evangelischen Landeskirchen, aber auch in der mittleren Ebene sowie in der Besetzung der Pfarrstellen halten zunehmend Frauen Einzug. Die Kirchenvorstandswahlen in den evangelischen Landeskirchen der letzten Jahre haben zu einem deutlichen Übergewicht von Frauen in den Entscheidungsgremien der Kirchengemeinden geführt. Auf der Ebene der ehrenamtlichen Mitarbeiter und Mitarbeiterinnen ist dies schon seit Jahrzehnten zu beobachten. Gottesdienste und kirchliche Veranstaltungen werden überwiegend von Frauen besucht (geschätzte 80 Prozent).

Kirche wird an der Basis also fast ausschließlich von Frauen organisiert und gestaltet. Diese Entwicklung ist erklärungsbedürftig und von den Kirchenleitungen in ihrer ganzen Dramatik noch nicht wirklich wahrgenommen worden.

Es ist daher verständlich, dass hauptamtliche Vertreter der kirchlichen Männerarbeit, die diese Entwicklung seit Jahren beobachten, als Erste reagiert haben und Umfragen in Auftrag gegeben haben. Laut der empirischen Studie »Männer in Bewegung – Zehn Jahre Männerentwicklung in Deutschland« aus dem Jahr 2009 – eine bundesweite Befragung von 2400 Männern und Frauen, die von der Männerarbeit der Evangelischen Kirche in Deutschland und der Gemeinschaft der Katholischen Männer Deutschlands in Auftrag gegeben worden ist – sagen immerhin 39 Prozent der Männer, sie seien religiös. Zehn Jahre zuvor waren es noch 37 Prozent. Der Anteil der Frauen, die sich als religiös einstufen, ging im selben Zeitraum von 67 auf 43 Prozent zurück. Zugenommen hat bei Frauen und Männern der Anteil der »überzeugten Atheisten«.

Zugenommen hat bei Männern seit 1998 auch die Verbundenheit mit der Kirche, was sich aber nicht in einem stärkeren Gottesdienstbesuch niederschlägt. Unter Protestanten wie Katholiken gewann die Auffassung an Boden, dass man auch ohne Kirchgang ein guter Christ sein könne. Den Einfluss der Kirche auf das eigene Leben stufen nur 21 Prozent der Männer und 23 Prozent der Frauen als förderlich ein.

Das traditionelle christliche Gottesbild (»Ich glaube, dass es einen Gott gibt, der sich in Jesus Christus zu erkennen gegeben hat«) findet unter den evangelischen und katholischen Befragten nur bei 30 Prozent Zustimmung. Aus anderen Untersuchungen ist bekannt, dass sich Männer zunehmend für einen dogmatisch nicht gebundenen Glauben starkmachen und eine nichtpersonale Gottesvorstellung, die ihnen genügend Raum für einen persönlichen Interpretationsrahmen des Glaubens eröffnet, bevorzugen. Die Studie empfiehlt der kirchlichen Männerarbeit, hier »entsprechende Settings anzubieten«, die auf die veränderte Bedürfnislage von Männern eingehen.

Zusammenfassend kann man feststellen, dass Männer zwar im Vergleich zur Befragung von 1998 religiös ein wenig interessierter erscheinen, aber immer noch auf einem quantitativ geringen Niveau.

»Was Männern Sinn gibt – Leben zwischen Welt und Gegenwelt«, so lautet eine von Martin Engelbrecht und Martin Rosowski herausgegebene Umfrage bzw. Studie, die im Jahr 2005 von der Männerarbeit der Evangelischen Kirche in Deutschland und der Kirchlichen Arbeitsstelle für Männerseelsorge in den deutschen Diözesen in Auftrag gegeben und vom Institut zur Erforschung der religiösen Gegenwartskultur an der Universität Bayreuth durchgeführt wurde. Bei dem zugrundeliegenden Forschungsprojekt »Die unsichtbare Religion bei kirchenfernen Männern« wurden Männer zwischen zwanzig und siebzig Jahren aus Bayern und Sachsen in persönlichen Interviews befragt. Als ein wichtiges Ergebnis hält die Studie fest: »Männer fühlen sich sehr wohl spirituell kompetent – doch sie legen hohen Wert darauf, ihre religiösen Erfahrungen selbstbestimmt zu gestalten und ihnen ihre eigene männliche Stimme zu geben« (ebd., S. 28).

Männer im Islam

Muslimische Männer haben in der Regel keine Probleme mit der Religion und dem Glauben. Die Gründe dafür sind vielfältig. Ein gewichtiger liegt darin, dass der Islam und insbesondere seine Geistlichen im Unterschied zum Christentum einfache Wahrheiten und eine sehr stark ritualisierte spirituelle Praxis lehren und vertreten.

In den fünf Säulen des Islam finden die Gläubigen klare Vorgaben für ihren Glauben und ihre religiöse Praxis. Dies verhilft insbesondere Männern, die sich allgemein eher über das Tun als über das Sein definieren, leichter zu einer religiösen Identität.

Das *Glaubensbekenntnis* als die erste Säule des Islam ist denkbar knapp und einfach formuliert: »Ich bezeuge, dass es keine Gottheit außer Gott gibt und dass Mohammed der Gesandte Gottes ist.« Dieses Bekenntnis ist für alle islamischen Gläubigen verbindlich und kommt in den rituellen Gebeten immer wieder vor. Es ist sozusagen die Essenz der Religion. Wer dieses Bekenntnis im Glauben und vollen Bewusstsein dreimal hintereinander aufsagt, ist ein Muslim. So einfach ist das!

Die zweite Säule des Islam stellt das *rituelle Gebet* dar. Fünfmal am Tag soll sich der Gläubige zum Gebet gen Mekka wenden, nachdem er sich zuvor einer rituellen

Waschung unterzogen hat. Die dabei zu rezitierenden Formeln sind gleichbleibend und einfach zu lernen. Der Alltag wird so durch die rituellen Gebete unterbrochen, strukturiert und auf Gott bezogen. Indem der Gläubige sich in seiner alltäglichen Arbeit durch das Ritual unterbrechen lässt, gibt er dem die Ehre, dem er sein Leben verdankt. Hinzu kommt das Gemeinschaftsgebet am Freitagmittag in der Moschee. Es ist für Männer verpflichtend und gleichzeitig eine willkommene Möglichkeit, in die Gemeinschaft der Gläubigen, in kommunikative und gesellige Rituale einzutreten und von ihnen gestärkt zu werden.

Die *Armenabgabe* ist die dritte Säule, auf der die Religion des Islam beruht. Sie ist klar geregelt (2,5 bis 10 Prozent des Einkommens bzw. Vermögens) und wird von jedem erwachsenen Muslim als Beitrag für die Armenfürsorge erwartet und nach Möglichkeit gegeben.

Als vierte Säule ist das *Fasten* im islamischen Monat Ramadan vorgeschrieben. Gefastet wird vom Beginn der Morgendämmerung bis zum Sonnenuntergang. Es wird nichts gegessen, nichts getrunken, nicht geraucht und kein ehelicher Verkehr vollzogen. Es gilt also in jeder Hinsicht die Enthaltsamkeit. Das sind klare Vorgaben, die mit Mühe und Anstrengung verbunden sind, aber der religiösen Praxis in einer konsumorientierten Gesellschaft Gewicht geben und dem einzelnen Gläubigen helfen, Maß zu finden und zu halten.

Die fünfte Säule stellt die *Pilgerreise* dar. Jeder Muslim soll, sofern möglich, mindestens einmal in seinem Leben nach Mekka pilgern und sich dort den vorgeschriebenen Ritualen unterziehen (vgl. Manfred Gerland, Faszination

Pilgern, S. 168 ff.). Das Wichtigste ist die siebenmalige Umrundung der Kaaba, des Zentralheiligtums des Islams. Diese Pilgerfahrt ist für alle, die einmal daran teilgenommen haben, eine lebensprägende Erfahrung.

Was macht nun die Attraktivität der muslimischen Religion gegenüber dem Christentum insbesondere für Männer aus? Der Islam bietet seinen Gläubigen einfache, klare Antworten auf schwierige Fragen des Glaubens und Handlungsanweisungen in einer immer komplizierter werdenden Welt. Nicht wenige Menschen suchen dies auch im Christentum, jedoch meist vergeblich. Ein Muslim hat darüber hinaus einen elementaren Gewinn von seinem Glauben und seiner spirituellen Praxis: Er kann dem Feuer der Hölle entkommen und in das Paradies gelangen. Im Christentum stellt sich der Gewinn, die Erlösung und Heilsgewissheit (sofern sie für heutige Christen überhaupt noch Relevanz haben), weitaus schwieriger und komplizierter dar. Da sie nicht abhängig ist von einer religiösen Leistung, bleibt dem gläubigen Christen nur, auf die Gnade Gottes zu vertrauen, das heißt zu glauben. Dieser Glaube wird von den einen als eine Entlastung von allen frommen Werken verstanden, von anderen als ein diffuser Vollzug einer inneren Einstellung.

Im religionswissenschaftlichen Vergleich zwischen Islam und Christentum gilt der Islam für westliche Betrachter meist als voraufklärerisch-naiv und fundamentalistisch, das Christentum hingegen – von griechischer und abendländischer Philosophie geprägt, in der Reformation grundlegend erneuert, in der Aufklärung geläutert und der Moderne verpflichtet – als die deutlich überlegene Religion.

Im neuzeitlich abendländisch geprägten Christentum sind die theologischen Lehrer und Geistlichen im Unterschied zum Islam akademisch Gebildete, die ein wissenschaftliches Studium durchlaufen haben und eine hochreflektierte, dogmatisch und ethisch elaborierte Botschaft verkündigen und auf unterschiedlichen Ebenen kommunizieren, die aber von ihren Mitgliedern oft nicht mehr nachvollzogen und verstanden wird. Daneben gibt es in der abendländischen Kirche eine zunehmende Banalisierung der Verkündigung durch einseitige Auflösung der theologischen Komplexität in eine einfache Liebesreligion. Davon wird später noch zu reden sein.

Der Islam ist eine deutlich männlich-patriarchal geprägte und ausgerichtete Religion, in der es für Männer klare Rollen und Identitäten gibt. Eindeutige und wiederholbare Rituale, aber auch eine einfache Botschaft ermöglichen selbst wenig gebildeten Männern eine religiöse Praxis und Identität. Während wir es im christlichen Abendland mit einer Intellektualisierung und Verbürgerlichung von Religion zu tun haben, findet sich im Islam noch eine elementarisierte Form, die Männer in ihren religiösen Grundbedürfnissen anspricht.

Die Angst der Männer vor der Religion

Was sind nun die Gründe für die männliche Zurückhaltung in religiösen und kirchlichen Fragen und spiritueller Praxis? Sind die Männer religiösen Fragen gegenüber uninteressierter als Frauen oder haben sie etwa Angst vor der Religion? Fehlt ihnen vielleicht ein religiöses Gen? Oder sind die Kirchen in ihren Angeboten und in ihrer Sprache mittlerweile so weiblich dominiert, dass Männer sich mit ihren Themen nicht mehr angesprochen fühlen?

Der Auszug bzw. Rückzug der Männer aus dem religiösen und kirchlichen Leben ist nicht nur Ausdruck eines Desinteresses oder gar Ausdruck ihres Emanzipationsbestrebens, sondern auch Folge von zum Teil unbewusster Angst vor der Religion. Der christliche Glaube basiert auf Erfahrungen, Haltungen und Einstellungen, die auf den neuzeitlichen Mann in mancher Hinsicht bedrohlich, ja sogar lebensgefährlich wirken.

In der christlichen Religion werden Erfahrungen der *Passivität* und der Abhängigkeit thematisiert und in sozialen Zusammenhängen symbolisch gestaltet: Aus Anlass von Geburt, Heirat und Tod werden Übergangsrituale gefeiert (Taufe, Trauung, Beerdigung), die helfen sollen, die erlebte Ohnmacht in diesen Lebensübergängen zu verarbeiten. Für Männer, die vom Wahn der Machbarkeit bestimmt sind, wirken solche Themen und Rituale schwierig. Das Kreuz bzw. der gekreuzigte Christus, der in diesen Ritualen eine zentrale Rolle spielt, ist das Gegenbild dieser Vorstellung von Machbarkeit und Selbstbeherrschung. Dass da einer von ihnen am Kreuz festgenagelt wird, dem

Spott und der Gewalt der Menschen ausgeliefert, das bedroht männliches Empfinden stärker als weibliches und löst tiefsitzende Ängste aus.

In der christlichen Religion werden zudem Erfahrungen der *Infantilität* thematisiert und in sozialen Zusammenhängen symbolisch gestaltet: Nach biblischer Tradition sind die Gläubigen Kinder, Söhne und Töchter Gottes, des himmlischen Vaters. Sie werden durch die Taufe in diese Beziehung gerückt und immer wieder eingeladen, im Glauben ihre Gotteskindschaft anzunehmen. Solcher Glaube kann vor dem Rückfall in falsche Infantilität bewahren und helfen, zu einer erwachsenen, reifen Form von Männlichkeit zu gelangen. Mit den Worten der Bibel: »Als ich ein Kind war, redete ich wie ein Kind, dachte wie ein Kind, urteilte wie ein Kind. Als ich ein Mann wurde, legte ich ab, was kindlich an mir war« (1 Korinther 13,11). Viele Männer verdrängen heute jedoch die eigenen Kindheitsanteile. Sie tun sich schwer mit zweckfreien spielerischen Aktivitäten. Gleichwohl sind sie von einem kindlichen Glauben und einer Naivität beherrscht, man könne das, was man zerstört hat, auch wieder reparieren. Der zerstörerische Umgang mit der Natur und ihren Ressourcen ist unter anderem von dieser infantil-naiven männlichen Mentalität geprägt, die keine Verantwortung übernehmen will. In der Kirche gibt es außerdem relativ oft den Typ des kindlichen Mannes, der nicht erwachsen geworden ist und der zu seiner Macht (zu verstehen im Sinne von Einflussnahme) in Bezug auf andere Menschen kein positives Verhältnis findet. Mit Hinweis auf Jesus von Nazaret, der angeblich auf alle Macht verzichtet habe, lehnen viele religiös oder kirchlich geprägte Männer (unter ihnen viele Pfarrer) Macht generell ab. Sie haben geradezu Angst vor ihr. Wenn jedoch Macht nicht ergriffen und gestaltet wird, »geht sie zum Teufel«. Es werden sich andere finden, die in das Machtvakuum hineinstoßen und es unter Umständen mit Absichten und Energien verbinden, die Menschen zerstören und in Abhängigkeit bringen. Dass manche selbsternannte friedliebende Männer mit ihrem erklärten Machtverzicht das Thema Macht nur verdrängen, ist offensichtlich. Sie können dann auf andere Weise unglaublich autoritär werden.

In der christlichen Religion werden schließlich Erfahrungen der *Emotionalität* thematisiert und im sozialen Zusammenhang symbolisch gestaltet. Gerade in religiösen Kontexten steigen manchmal Sehnsüchte, Ängste, Träume der Vereinigung und Vernichtung aus der Trieb- und Gefühlswelt empor, die auf Männer besonders bedrohlich wirken, weil sie selbst keinen Zugang zu ihren Emotionen haben. Eine Parole der Neuzeit, von Männern ausgegeben und von Männern beherzigt, lautet deshalb: Beherrsche dich, deine Gefühle, deine Triebe! Der so beherrschte Mensch ist aber auch der beherrschbare Mensch. Die Erziehungsmethoden für Jungen in der Hitlerjugend während des Nationalsozialismus in Deutschland, die auf körperliche und mentale Abhärtung und absolute Kontrolle der Emotionen abzielten, hatten die Erziehung zum gehorsamen, willenlosen Soldaten und seine totale Beherrschbarkeit zum Ziel.

Zum Glauben gehören emotionale Erfahrungen und Fähigkeiten. Man wird berührt, es findet etwas in einem selbst Resonanz, es kommt etwas zum Schwingen. Als der Samariter auf der Straße von Jericho nach Jerusalem einem ausgeraubten und verletzten Mann am Wegesrand begegnete, fühlte er Barmherzigkeit in sich aufsteigen, es »jammerte ihn«, er wurde bis in die Eingeweide hinein vom Elend des anderen berührt, sodass er nicht anders konnte, als sich diesem leidenden Menschen zu stellen und zuzupacken. Barmherzigkeit ist eine Haltung aus Glauben und nicht aus Emotionen.

Glauben ist nicht mit Emotionalität zu verwechseln. Das, was den Glauben bewirkt und stärkt, ist etwas von außen Kommendes. Das Wort Gottes und der Heilige Geist begründen und bewirken den Glauben, indem sie von außen kommend das Herz eines Menschen ergreifen und verändern. Religion ist also ein Machtgeschehen, das Menschen nachhaltig beeinflusst und verändert. Wer nicht richtig auf dieses Geschehen vorbereitet und eingestellt ist, den kann es auch zerstören. »Denn voll Leben ist Gottes Wort und voll Kraft und schärfer als jedes zweischneidige Schwert; es dringt durch bis zur Scheidung von Seele und Geist, von Gelenk und Mark, und ein Richter ist es über Gedanken und Gesinnungen des Herzens« (Hebräer 4,12), das heißt, das Wort Gottes strukturiert den Menschen bis in seine Emotionen und hilft zu unterscheiden zwischen den aufkommenden Regungen aus einer dunklen Gefühls- und Triebwelt und dem Anruf und Anspruch Gottes im eigenen Herzen.

Die Angst der Männer vor der Religion ist nicht ganz unbegründet. Es kann durchaus gefährlich sein, sich in der Religion der göttlichen Macht anzuvertrauen, sich ihr passiv zu überlassen, die Kontrolle abzugeben und von starken Emotionen oder vom Geist Gottes ergriffen und berührt zu werden.

Die Feminisierung von Kirche und Glauben

Neben der Angst vieler Männer vor der Religion scheint auch die zunehmende Feminisierung von Kirche und Spiritualität ein wesentlicher Grund dafür zu sein, dass Männer sich dort nicht mehr wohlfühlen und auf Abstand gehen.

Nicht nur in der Kirche, sondern auch in esoterischen Gruppen und Zirkeln, überall dort, wo es um Religion und Spiritualität geht, machen Frauen ihren Einfluss zunehmend geltend. Sie stellen nicht nur die Mehrheit der Teilnehmer beziehungsweise Teilnehmerinnen, sondern prägen und bestimmen auch als Verantwortliche weithin die Themen, Fragestellungen, Methoden und Inhalte von Veranstaltungen. Bis in die Theologie und kirchliche Verkündigung hinein ist die Dominanz des Weiblichen zu spüren. Dass diese Entwicklung, die in den letzten Jahrzehnten mit dem Aufkommen der feministischen Theologie begonnen hat und rasant fortgeschritten ist, ein entscheidend wichtiges emanzipatorisches Potenzial hat und für die Frauen und die Kirche einfach dran und notwendig war und ist, ist nicht zu bestreiten. Mittlerweile haben wir aber in der evangelischen Kirche (und von der soll im Folgenden vor allem die Rede sein) einen Zustand von kirchlichem Leben erreicht, der viele Männer tief verunsichert.

Männer finden sich mit ihrem Lebensgefühl und mit ihren Themen offenbar immer weniger in ihrer Kirche wieder. Der zunehmende quantitative und qualitative Einfluss und Niederschlag weiblicher Inhalte und Formen im Bereich von Spiritualität und kirchlichem Leben scheint mit dem Rückzug der Männer aus dem kirchlichen Leben in unmittelbarer Wechselbeziehung zu stehen. Den Frauen ist an dieser Stelle kein Vorwurf zu machen. Die Männer haben diese Entwicklung durch ihren Rückzug befördert und sind jetzt damit an der Reihe, sich als Gegenüber und Partner wieder ins Spiel zu bringen.

Doch schauen wir zunächst auf einige Entwicklungen der letzten Jahrzehnte in Kirche und Gesellschaft: Die Rolle und pastorale Identität von Pfarrerinnen und Pfarrern hat sich in dieser Zeit erheblich verändert. Von den 60er- bis 80er-Jahren des letzten Jahrhunderts verstanden sich Pfarrerinnen und Pfarrer vor allem als Verkündiger und Verkünderinnen des Evangeliums, als Prophetinnen und kritische Mahner und Kämpferinnen für Gerechtigkeit, Frieden und Bewahrung der Schöpfung. Sie versuchten, durch ihre Verkündigung und pastorale Arbeit Einfluss auf gesellschaftliche Fragen und Probleme (Nato-Doppelbeschluss, Atomenergie, Friedens- und Ökologiebewegung usw.) zu nehmen. In den 90er-Jahren änderten sich die gesellschaftlichen Themen und damit das Selbstverständnis der Pfarrerinnen und Pfarrer. Im Zuge psychosozialer Fokussierungen und Problemstellungen verstanden sie sich zunehmend als Helfer beziehungsweise Helferinnen. Diakonische Beratungsstellen und Projekte sprossen aus dem Boden. Heute wird von ihnen erwartet, dass sie in einer gesamtgesellschaftlichen und kirchlichen Verunsicherung und Suchbewegung Werte liefern und zu Sinnagenten werden. Kämpferische Töne hört man seit den 90er-Jahren nur noch selten von den Kanzeln. Aus der Verkündigung werden Begriffe und Themen wie »Sünde«, »Gericht«, »Gesetz«, »Strafe« gestrichen.

Der Religionssoziologe Klaus-Peter Jörns fordert in seinem Buch »Notwendige Abschiede« (2010) den Aufbruch zu einem zeitgemäßen und glaubwürdigen Christentum, das althergebrachte, inzwischen aber missverständliche und in seinem Sinn fragwürdige Traditionsbestände abstreift. Es gelte nun endgültig Abschied zu nehmen von den alten Dogmen wie der Lehre von der Offenbarung, der Erbsünde, der Heilsbedeutung des Todes Jesu als Sühneopfer usw. Diese Lehrsätze hätten unter den Bedingungen einer pluralistischen Gesellschaft ihre Glaubwürdigkeit verloren und seien als überholte Glaubensvorstellungen endgültig abzulegen. Umfragen des Instituts für Religionssoziologie und Gemeindeaufbau aus den 90er-Jahren hätten ergeben, dass nur noch 54 Prozent der Protestanten und 65 Prozent der Katholiken an einen persönlichen Gott glaubten. Jörns spricht einerseits von einem Traditionsabbruch, andererseits von einem neuen »modernen Priestertum der Gläubigen«, das sich in der pluralistischen und globalisierten Gesellschaft der Fesseln kirchlicher Dogmen und Vorschriften entledigen und seine individuelle religiöse Sichtweise entwickeln muss. Die von Jörns entwickelte universale Liebesreligion, die den sogenannten dogmatischen Ballast eines kirchlichdogmatischen Christentums abstreift, findet vor allem unter Vertreterinnen verschiedener feministisch-theologischer Ansätze große Zustimmung. Überhaupt scheint sie dem neuzeitlichen religiösen Autonomiestreben, wie es auch von vielen Männern vertreten wird, sehr entgegenzukommen.

Der angebliche Traditionsabbruch sowie verändertes Teilnahmeverhalten ihrer Mitglieder hat die Kirche in den letzten Jahrzehnten tief verunsichert. Religionssoziologen wurden beauftragt, umfangreiche Untersuchungen und Befragungen der Kirchenmitglieder durchzuführen. Meistens wurden Zufriedenheit mit oder Zustimmung beziehungsweise Ablehnung kirchlicher Angebote abgefragt. Da die Ergebnisse oft niederschmetternd waren, wurden und werden die kirchlichen Anbieter aufgefordert, ihr »Produkt« zeitgemäßer und kundenfreundlicher zu präsentieren.

Kirche, die sich ihres eigenen Wesens und Auftrags nicht mehr sicher ist, verliert sich in Meinungsumfragen und statistischen Erhebungen. Mal meint sie den Analysen und Empfehlungen der Soziologen, mal denen der Ökonomen und Marketingfachleute folgen zu müssen. In vorauseilendem Gehorsam haben nicht wenige Kirchenvertreter den dogmatischen Ballast längst abgeworfen und vertreten wie Jörns eine kuschelige und leichtverdauliche Wellnessreligion und -spiritualität. Diese Religion ist einfach nur langweilig und an Harmlosigkeit nicht mehr zu überbieten, sie hat nichts mit dem realen Leben zu tun. Werden elementare Begriffe und Themen wie Kampf, Sieg, Opfer, Blut, Gericht, Macht, Lust, Sühne und anderes aus dem religiösen Sprachschatz und Denken gestrichen, so werden wesentliche Lebens- und Erfahrungswelten einfach ausgeblendet, die Menschen – und vor allem Männer! – ganz wesentlich beschäftigen. Von daher ist es verständlich, dass Männer (und auch viele Frauen) die Auseinandersetzung mit diesen Themen und Erfahrungen, zum Beispiel die Auseinandersetzung mit den aggressiven und lustbetonten Anteilen ihrer Person, nicht mehr in der Kirche suchen, sondern im Rockkonzert, auf dem Fußballplatz, beim Militär, bei Extremsportarten, in der Disco, im Kino oder in der Kneipe. Viele fühlen sich von diesen Orten und Veranstaltungen angezogen und dort mit dem Leben verbunden. Sie machen hier existenzielle und zum Teil auch religiöse Erfahrungen und finden Räume, in denen sie wesentliche Anteile ihrer Männlichkeit (Körperlichkeit, Aggression, Sexualität usw.) in einem gestalteten Rahmen ausleben dürfen.

In der Kirche hingegen kommen trotz mancher noch vorhandener patriarchaler Strukturen eher weibliche Formen und Themen zur Sprache und Darstellung. Die meisten kirchlichen Rituale sprechen – jedenfalls so, wie sie begangen bzw. gefeiert werden – eher die weibliche als die männliche Psyche an. Die Symbole und die Liturgie der römisch-katholischen Kirche haben einen ausgeprägten weiblichen Charakter, sie sind ästhetisch kontrolliert, farblich gestaltet. Spitze und Seide, Weihrauch und Kerzen, Priester in prunkvollen Kleidern und eine stilisierte Choreographie sprechen eher weibliche Seelen an. Der Protestantismus, dem diese Formen eher fremd sind, setzt oft auf sentimentale Kunstwerke, auf sentimentale Musik und Reden. Das nährt den Geist des durchschnittlichen Mannes nicht: »Für den Mann von der Straße oder für den normalen Arbeiter ist das kirchliche Ritual und die heilige Zeremonie feindliches Ausland statt heiliger Raum. Er langweilt sich zu Tode und sehnt sich weit weg« (Richard Rohr, Endlich Mann werden, S. 196).

Nicht das Ritual an sich, zum Beispiel die Taufe, ist harmlos und banal, sondern die Art und Weise, wie es vielerorts vollzogen wird. Werden aus diesem Ritual die Absage an das Böse, die Vorstellung des Sterbens mit Christus usw. gestrichen oder nicht thematisiert, so bleibt von der Taufe nur noch die Segenshandlung, verbunden mit einer harmlosen Wasser- und Lichtmetaphorik (Taufkerze), übrig. In der Taufe geht es jedoch um Tod und Leben, um die Frage, wer Macht über dieses Leben haben soll, um den Herrschaftswechsel in diesem Leben. Dieses hochdramatische Geschehen kann – einmal vollzogen – nie mehr zurückgenommen werden.

Kommen bei der Feier des Abendmahls die Themen Opfer, Sühne, Schuld und Vergebung, Gericht usw. nicht mehr zur Sprache, so wird das Mahl seiner heilsgeschichtlichen Dimensionen beraubt und degradiert zum harmlosen Gemeinschaftsmahl oder zur »Feier der vielerlei Lebensgaben Gottes« (Jörns). Das ist es sicher auch, aber sein Mehrwert besteht in seiner sakramentalen Bedeutung der Vereinigung mit Gott und untereinander und im Zuspruch der Vergebung der Sünden.

Wo die Menschen – und vor allem die Männer – merken, dass in der Kirche die Themen und Fragen verhandelt werden, die sie unbedingt angehen, wo jenseits aller kirchlichen Verharmlosung und Banalität das Leben in seiner ganzen Schönheit und Abgründigkeit zur Sprache und zur Darstellung kommt, werden sie wieder Interesse an Kirche und Religion bekommen, sich unter Umständen auch ängstlich zurückziehen, aber nicht mehr gelangweilt vorübergehen können. Wenn die Religion wie das Heilige in ihren Dimensionen von *fascinosum et tremendum*, das heißt von Faszination und gleichzeitig von Schrecken, in der Kirche zur Sprache und Darstellung kommen, wird die Kirche als Ort des Lebens wieder attraktiv werden.

Macho und Softie

Hat die populäre Typisierung der Männer in Machos und Softies für den Umgang der Männer mit Religion eine Bedeutung? Der Macho (keiner weiß, ob er wirklich so stark ist, wie er vorgibt) hat die Autonomie als Lebensdevise. Er will sich nicht einfangen lassen, weder von den Frauen, schon gar nicht von der Kirche, sondern sein Leben nach dem Maßstab von Freiheit und Abenteuer selbst in die Hand nehmen und gestalten. Dabei zeigt er Entschlossenheit und Durchsetzungskraft, ist jedoch häufig in seiner kommunikativen und emotionalen Kompetenz deutlich unterentwickelt. Um die Kirche macht er einen großen Bogen, weil er hier nur »Weicheier« und »Warmduscher« vermutet und eine Domäne der Frauen, die nicht wirklich attraktiv für seine Lebensdevise ist. »Kinder, Küche, Kirche« sind für ihn eben Frauensache. Mit der Religion scheint er Probleme zu haben, weil er ahnt, dass hier Haltungen gefordert sind, auf die er sich nicht einlassen will und kann.

Der Softie hingegen, der als der friedliche und zärtliche Mann die Harmonie sucht, scheint dem Idealbild des religiös-kirchlichen Mannes eher zu entsprechen. Er ist feinfühlig, rücksichtsvoll und bestrebt, die Solidarität mit unterdrückten und schwachen Menschen und der ganzen Schöpfung zu leben. Aber auch er hat Schwierigkeiten mit der Religion. Er hält Einsamkeit, Abgrenzungen und Trennung, die konstitutiv zur Religion gehören, nicht aus. Er hat es in der Regel nicht gelernt, die aggressiven Anteile seiner Persönlichkeit positiv zu integrieren und zu gestalten. Er weigert sich vielleicht auch, die ihm zukommende Macht im Sinn von Einflussnahme anzunehmen und zu gestalten. Wo er in Gesellschaft und Kirche seinen Einfluss geltend machen und mit männlicher Energie gestalten müsste, überlässt er seine Macht aus Angst vor der Verantwortung lieber anderen, vor allem den Frauen, denen er mehr zutraut als seinen eigenen Geschlechtsgenossen.

Weder Macho noch Softie können als Leitbild für den religiösen Mann heute dienen. Es ist vielmehr der »fromme« Mann, der – wie noch zu zeigen sein wird – als Mann wirklich lebens- und handlungsfähig ist. Er kann Passivität und Abhängigkeit aushalten, Infantilität zulassen, Verantwortung übernehmen, Macht ergreifen und positiv gestalten, aggressive Persönlichkeitsanteile integrieren und Zugang zu seinen Emotionen finden. Er kann mit Ablehnung und Trennung umgehen und ist als Liebhaber einfühlsam und energiegeladen.

Ein »frommer« Mann ist im Bewusstsein gesellschaftlicher Vorstellungen allerdings eine absolute Negativfigur. Man assoziiert mit ihm den verklemmten Kirchenmann, den heuchlerischen Moralapostel, der zudem verweiblicht und etwas zurückgeblieben erscheint. Er kennt anscheinend keine Zweifel, er ist missionarisch aktiv und bei allem ausgesprochen weltfremd. In der Werbung würde der »fromme« Mann absolut tödlich wirken.

Doch gehen wir einmal dem Wortsinn auf den Grund: »fromm«, vom gotischen und althochdeutschen *fram,* »vorwärts«, abzuleiten, entspricht dem lateinischen *primus,* »der Erste«. Im Mittelhochdeutschen wird *vrum* zum Eigenschaftswort und bedeutet »förderlich, tüchtig«. In der Sinnrichtung dieser Wörter liegt auch die heutige Redewendung »zu Nutz und Frommen« sowie das Verb »frommen« (nützen). Die altertümliche Wendung »frommer Mann« besagt somit: Dieser Mann ist so, wie er sein soll, er erfüllt die Ordnung seines Standes. Heute würden wir sagen: Er füllt seine Rolle aus. Auch Gott wird in einem Kirchenlied (EG 495) als »frommer Gott« angeredet. Der »fromme Gott« ist in diesem Sinn der wirkliche und wahre, der treue Gott.

Der »fromme Mann« ist der im Umgang mit dem Heiligen, mit sich selbst und anderen erfahrene und handlungsfähige Mann. Er versucht in seiner »Frömmigkeit« – in seiner Rückbindung an das Heilige –, seine Rolle und Identität als Sohn, Geliebter und Vater auszufüllen und zu gestalten. Natürlich bleibt er auch als frommer Mann ein Sünder, der der göttlichen Gnade und Vergebung bedarf. Zudem bleibt er hinter dem gezeichneten Ideal zurück, aber es ist mit ihm eine Richtung und Linie männlicher Identität aufgezeigt, die im Weiteren entfaltet werden soll.

Wie kann Mann nun von einem Vermeidungs- und Fluchtverhalten gegenüber der Religion zu einer positiven Auseinandersetzung und Gestaltung derselben gelangen? Wie können Männer ihren körperlichen, psychischen und geistigen Voraussetzungen entsprechend für sich die Welt des Glaubens neu entdecken und zurückgewinnen? Und was ist das genau: »männlich glauben«?

Am Beispiel der Legende von Christophorus möchte ich im Folgenden Stationen der Entwicklung eines männlichen Glaubens aufzeigen und darstellen. Dabei werden auch Leserinnen merken, dass dieser männliche Weg des Glaubens ihnen nicht fremd ist. Sie werden sich – so hoffe ich – an vielen Stellen mit ihren persönlichen Ansichten und Anliegen wiederfinden.

1. Körperlichkeit wahrnehmen und gestalten

»Christophorus war geboren vom Volk der Chananaeer und war von gewaltiger Größe und furchtbarem Angesicht, und maß zwölf Ellen in die Höhe.«

Viele Männer wissen mehr über ihr Auto als über ihren Körper. »Man kennt das Vergaserproblem, aber die eigene Blutgruppe? Fehlanzeige«, sagt Prof. Dr. Ingo Froböse, Wissenschaftler an der Deutschen Sporthochschule Köln. Auf dem ersten Männergesundheitskongress des Bundesministeriums und der Bundeszentrale für gesundheitliche Aufklärung (BZgA) im Januar 2013 in Berlin wurde festgestellt, dass die Gesundheit von Männern allgemein stark gefährdet ist. Die Zahlen sprechen gegen das vermeintlich starke Geschlecht: Männer sterben früher, haben mehr Unfälle, nehmen sich häufiger das Leben, rauchen und trinken mehr als Frauen. Die Forscher suchten nach Ansätzen, um diese langjährige Entwicklung zu durchbrechen.

Ein Grund dafür, weshalb dies mit Schwierigkeiten verbunden ist, liegt sicher darin, dass sich viele tradierte Selbstbilder von Männern negativ auf ihre Gesundheit auswirken. »Männer erwarten von ihrem Körper, dass er wie eine Maschine funktioniert. Erst bei Störungen wird eine ›Werkstatt‹ aufgesucht«, meint BZgA-Direktorin Elisabeth Pott. Warnzeichen und Risiken hingegen würden lange bagatellisiert und ignoriert. »Es wird so viel Sport geguckt wie noch nie, aber drei Viertel der Männer sind körperlich völlig inaktiv. Während Frauen sich informieren und dies tendenziell auch umsetzen, nehmen Männer allgemeine Gesundheitsinfos zwar auf, tun aber nichts«, sagt Prof. Dr. Froböse. Um Männer auf Trab zu bringen, käme es auch auf passgenaue Gesundheitsangebote und die richtige Verpackung an. »Yoga oder Tai-Chi-Kurs – das gruselt die meisten Männer. Wenn ich das aber Kraft- oder Beweglichkeitstraining nenne, machen schon mehr mit«, meint er dazu weiter. Der kompetitive Leistungsaspekt sei es, der Männer vom Sofa locke.

Die gesundheitliche Gefährdung von Männern und ihr passives Verhalten in der Gesundheitsvorsorge sei nicht nur individuell von ihnen zu verantworten, sondern läge auch entscheidend in krankmachenden Bedingungen und Zuständen in der Arbeitswelt begründet, so Froböse. »Dies müsste die Gesundheitspolitik noch stärker in den Blick nehmen, statt alle Verantwortung den Männern zuzuschreiben, nach dem Motto: Helft euch selbst!«, hieß es auf dem Gesundheitskongress. Männer seien jedenfalls keine »Gesundheitsidioten«.

Männer gelten heute als die Sorgenkinder der Medizin. In Deutschland sterben sie fünfeinhalb Jahre früher als Frauen und kümmern sich häufig nicht oder zu spät um ihre Gesundheit, so resümiert der erste deutsche Männergesundheitsbericht aus dem Jahr 2010. Studien zufolge sei nur ein Jahr davon biologisch erklärbar, viereinhalb Jahre jedoch kulturell und sozial bedingt und damit veränderbar. Der Bericht kommt zu dem Schluss, dass die Arbeitswelt für Männer ein höheres Gesundheitsrisiko darstellt als für Frauen. Männer arbeiten häufiger in Berufen, in denen es zu Unfällen und Verletzungen kommen kann. Zudem sind es auch kulturelle Aspekte, die sie krank werden lassen: Selbstausbeutung und Mehrarbeit sind bei Männern sehr verbreitet, ebenso die Tendenz, sich am Arbeitsplatz alles abzuverlangen und sich unter Druck zu setzen. Das alles schadet der Gesundheit. So bekommen Männer zwischen vierzig und fünfzig fünfmal häufiger einen Herzinfarkt als Frauen. Jeder fünfte Mann zwischen dreißig und achtzig Jahren klagt über Potenzprobleme.

Warum fällt es Männern so schwer, ihre Körperlichkeit als Ganzes und ihre Einschränkung durch Krankheit bewusst wahrzunehmen? Viele Männer wurden von Kindheit an dazu angeleitet, körperliche Schmerzen zu unterdrücken. Zu den antrainierten Fähigkeiten gehört von Anfang an Härte und Durchsetzungsvermögen. Im Konkurrenzkampf nur keine Schwäche zeigen, heißt ihre Devise. Viele versuchen, diesem gesellschaftlich tradierten Idealbild des Mannes zu entsprechen, Krankheit und körperliche Beeinträchtigungen passen da nicht hinein und werden daher verdrängt.

Häufig fühlen sich Männer auch von ihrem Körper nicht wirklich angezogen. Sie schauen höchstens am Morgen beim Rasieren in den Spiegel, die anderen Regionen sind nicht im Blick. Es fehlt ihnen an körperlicher Selbstwahrnehmung und -reflektion. Dadurch entsteht ein re-

duziertes eigenes Körperbild, das nicht nur gesundheits-
gefährdende Auswirkungen hat, sondern auch spirituelle
Erfahrungen erschwert.

Jeder spirituelle Weg beginnt mit der Wahrnehmung
und Beachtung der eigenen Körperlichkeit. Beim Begriff
»Spiritualität« könnte das Missverständnis naheliegen, es
handele sich hier um innere Erfahrungen, die sich ohne
den Körper vollziehen oder gar die Lösung vom Körper
beziehungsweise dessen Überwindung erfordern. Das
Gegenteil ist der Fall: Jede spirituelle Erfahrung, die nicht
im Körper ankommt, verflüchtigt sich in einer diffusen
Innerlichkeit und »verdunstet«. Jede spirituelle Praxis, die
keine Auswirkungen auf den Körper hat und nicht in leiblichen Vollzügen zum Ausdruck kommt, bleibt gestaltlos
und wirkungslos. So gibt es keine Spiritualität ohne Körperlichkeit – schon gar nicht im Christentum, für das die
Menschwerdung Gottes in seinem Sohn Jesus Christus im
Mittelpunkt des Glaubens steht. Spiritualität hat die Körperlichkeit immer zur Voraussetzung, es gibt sie nicht
ohne den Körper oder am Körper vorbei.

Wenn der Körper für spirituelle Erfahrung und Praxis so
bedeutsam ist, dann macht es einen Unterschied, ob man
sich in einem weiblichen oder männlichen Körper auf diesen Weg macht. Dass Männer einen anderen Körper als
Frauen haben, ist eine Binsenweisheit. Für den spirituellen
Weg ist diese Grundtatsache aber nicht zu unterschätzen.
Männer haben darüber hinaus andere Chromosomen,
Gene, ein anderes Gehirn und andere Gefühlswelten. Wen
könnte es also wundern, dass sie deshalb auch einen anderen Zugang zur Spiritualität haben?

Die Legende des Christophorus, die hier als Leitfaden für den spirituellen Weg dienen soll, beginnt ganz auffällig mit der Beschreibung der Körperlichkeit und Vitalität ihres Protagonisten.

Christophorus ist eine Gestalt, in der sich Glaubens- und Lebenserfahrungen von Menschen vieler Jahrhunderte verdichtet haben. Der Legende nach lebte er irgendwo in Kleinasien. Da hieß er noch nicht Christophorus, sondern Reprobus, das heißt übersetzt: der Verworfene. Er gehörte zu einem sagenhaften Geschlecht hundsköpfiger Riesenmenschen, von denen man im Altertum zu berichten wusste. Der schakalköpfige Totengott Anubis steht einem hier vor Augen, der den knabenhaften Sonnengott Horus über den Nil trägt. Parallelen finden sich auch in der römischen, indischen und germanischen Mythologie.

Reprobus wurde der Legende nach durch die Taufgnade dem dumpf-tierischen Bereich entrissen und erhielt die menschliche Sprache. Als die Geschichte vom Osten in das Abendland überging, blieb Christophorus zwar ein Riese, hatte nun aber einen menschlichen Kopf. Seine tierische ungebärdige Vitalität konnte er jedoch aus dem Heidentum in das wahre Menschsein des Christentums herüberretten. Sehr oft hat das abendländische Christentum die Naturhaftigkeit der heidnischen Religionen abgewehrt, in der Christophorus-Legende ist sie allerdings integriert worden.

»Christophorus war geboren vom Volke der Chananaeer und war von gewaltiger Größe und furchtbarem Angesicht, und maß zwölf Ellen in die Höhe«, weiß die *Legenda aurea* des Jacobus de Voragine aus dem 13. Jahrhundert zu berichten. Man hört aus dieser kurzen Beschreibung die Faszination vitaler Potenz heraus, die von dieser Figur ausgeht und die auch in der mittelalterlichen Verehrung dieses Heiligen zum Ausdruck kommt.

Die Betrachtung des Bildes des heiligen Christophorus am Morgen galt als Schutz zur Bewahrung der Lebenskraft bis zum Abend (vgl. Melchers, Das große Buch der Heiligen, S. 456) und sollte vor plötzlichem schnellem Tod schützen, der für den mittelalterlichen Menschen eine Katastrophe bedeutete, weil er sich nicht mit den Sterbesakramenten versehen auf den Übergang in die andere Welt angemessen vorbereiten konnte. Als Blickfang dienten Christophorusfresken an Außenwänden von Kirchen, Schlössern und Rathäusern oder mächtige Christophorusstatuen im Eingangsbereich von Kirchen. Seit dem zwölften Jahrhundert entwickelte sich aus dem Namen sowie aus den Bildern, die Christophorus mit einem Christusmedaillon vor der Brust zeigen, die bekannte Legende von Christophorus, dem Christusträger, der das kleine Kind über den Fluss bringt. Die Vitalität und Naturhaftigkeit dieses Riesen symbolisiert schließlich auch der sich zum blühenden Palmbaum verwandelnde Stab des Riesen. Christophorus ist seiner Natur nach groß, ungebärdig, stark, potent und voller Vitalität. Man erkennt in ihm Züge des archetypischen »wilden Mannes«, wie sie auch bei Johannes dem Täufer, dem »grünen Mann« in der Mythologie und Kunstgeschichte, in der Märchenfigur des Eisenhans und anderen zu finden sind.

Männer definieren sich heute stärker als Frauen über ihre Körpergröße und -kraft. Der Volksmund nennt sie immer noch das »starke Geschlecht«, und so spielt körperliche Kraft im Selbstverständnis vieler Männer eine große Rolle. Bereits Jungs messen gern ihre Kräfte, zunächst noch spielerisch in kleinen Raufereien, später in Mutproben und handfesten Auseinandersetzungen mit Gleichaltrigen. Mit der Entdeckung des eigenen Körpers und zunehmender hormoneller Veränderungen brauchen sie Möglichkeiten, ihre körperlichen Grenzen auszutesten. Wo keine geregelte und strukturierte Triebabfuhr über Sport oder Wettkampf möglich ist, kann es zu destruktiven Gewaltausbrüchen kommen. Im besten Fall können Heranwachsende an den Verhaltensweisen ihrer Väter und anderer Männer lernen, wie man körperliche Kraft gestaltet und ausagiert, ohne sich in Gewaltexzessen zu verlieren. Da im Alltag diese männlichen Mentoren oft fehlen, bleiben Jungs mit dieser Aufgabe oft allein. Viele verirren sich in der Cyberwelt der Computerspiele und agieren hier ihre aggressiven Potenziale, ihre Kraft- und Gewaltfantasien aus, ohne eine realistische Rückmeldung zu erhalten. In der virtuellen Welt bekommen sie es mit Wirklichkeiten zu tun, die mit der Wirklichkeit ihres Alltags nur sehr wenig zu tun haben. Und wo die einzige körperliche Aktivität im Klicken einer Maustaste besteht, degenerieren zudem ihre körperlichen Kräfte. Für eine gesunde Entwicklung sind jedoch die Erfahrungen von körperlicher Kraft und eine sozial verträgliche Gestaltung von Aggressionen, zum Beispiel im Wettkampf und Sport, unverzichtbar.

Kraft ist bei Männern immer ein Thema. Die jungen

haben oft zu viel davon und wissen nicht, wohin damit, die älteren leiden spätestens ab der Lebensmitte unter der Abnahme von Vitalität, Körperkraft und sexueller Potenz. Ein neues Männerbild, das vom Mann die Einnahme und Gestaltung ganz neuer Rollen und Verhaltensweisen verlangt, verunsichert viele Männer zusätzlich. Neben der Rolle des Ernährers und Beschützers der Familie wird nun auch erwartet, dass er sich fürsorglich um die Kinder kümmert, ein zärtlicher Liebhaber ist und mit kommunikativer Kompetenz soziale Verantwortung in Familie und Gesellschaft übernimmt. Viele Männer haben Probleme, mit ihren aggressiven Potenzialen umzugehen. Sie werden oft einfach unterdrückt und sind für das männliche Selbstverständnis eher ein Problem. Dass viele Frauen in ihrer Partnerwahl bewusst oder unbewusst keine »Weicheier«, sondern eher »ganze Kerle« bevorzugen, ist in dieser Situation für männliche Identität zusätzlich verunsichernd. Diese Konflikte, in denen Männer heute stehen, wirken sich wiederum körperlich aus.

Männer leiden anders, aber mindestens genauso häufig wie Frauen. Allein: Sie reden nicht darüber und gehen schon gar nicht zum Arzt. So können sich körperliche Beschwerden schnell zu ernsthaften Krankheiten auswachsen. Entgegen allgemeiner Auffassung leiden Männer nicht seltener an psychischen Störungen als Frauen, sie weisen nur andere Erkrankungsbilder auf. Alkohol- und Drogensucht sowie antisoziale Persönlichkeitsstörungen sind typisch männliche Formen einer solchen Krankheit. Die Selbstmordrate der Männer übersteigt die der Frauen mindestens um das Dreifache. Außerdem ist gerade unter jungen Männern ein deutlicher Zuwachs an Depressionen zu verzeichnen. So stehen Männer mittleren Alters nach der Phase der Familiengründung immer stärker vor dem persönlichen und gesellschaftlichen Anspruch, den Spagat zwischen »neuem Mann« und Ernährer zu bewältigen, der bei hoher Arbeitsbelastung mit Überstunden, hohem beruflichem Erfolgsdruck und wenig Freizeit zu körperlicher und psychischer Erschöpfung führt. Männer sind häufiger darauf ausgerichtet zu funktionieren und Erwartungen – auch die an sich selbst – zu erfüllen.

Geschlechtsspezifische Probleme sind bereits in der kindlichen und pubertären Entwicklung von Jungs zu beobachten: Mädchen starten durch, streben hochmotiviert ihre Ziele an, während Jungs in der Bildungslandschaft wie auch in der Gesellschaft auf den Verliererposten stehen. Es fällt auf, dass eine große Anzahl von Jungs nur wenig Antrieb und Ehrgeiz entwickelt für alles, was nicht den Computer betrifft. Sie wollen meist in Ruhe gelassen werden, fühlen sich – auch ohne Perspektive – in der Scheinwelt der Computerspiele wohl. Mädchen jeden Alters bekommen bessere Schulnoten als Jungs, nicht weil sie klüger, sondern weil sie ehrgeiziger sind. So machen zurzeit in Deutschland mehr Mädchen als Jungen Abitur, und weit über die Hälfte der Studierenden sind weiblich. In den sozialen Fächern (Pädagogik, Medizin usw.) ist das Übergewicht weiblicher Studierender eklatant.

Jungs brauchen in der kindlichen und schulischen Entwicklung neue Aufmerksamkeit durch Eltern und Pädagogen. Ihr sozial auffälliges Verhalten und der Einbruch bei schulischen Leistungen sind ein unausgesprochener Hilferuf und ein Alarmsignal, auf das gesellschaftlich und pädagogisch reagiert werden muss.

Der Neurobiologe Gerald Hüther kommt in seinem Buch »Männer – das schwache Geschlecht und sein Gehirn« aus dem Jahr 2009 zu ähnlichen Ergebnissen. Hüther will mit seiner neurobiologischen Sicht auf den Mann aber keine Fixierung oder Festschreibung männlicher Attribute und Verhaltensweisen, sondern vielmehr Entwicklungspotenziale aufzeigen und macht Männern Mut, diese zu ergreifen und zu realisieren.

»Männer haben einen anderen Körper«, stellt er fest. Damit scheint er niemanden wirklich zu überraschen, aber was er im Einzelnen ausführt, ist dann doch sehr interessant. »Männer sind im Durchschnitt etwa 10 cm größer als Frauen. Und sie haben auch mehr Muskelmasse. Ihre Extremitäten sind größer, auch die Hände und Füße.« Zudem neigten Männer in ihrer körperlichen Konstitution eher zu den Extremen, meint Hüther: »Männer sind also nicht das stärkere, sondern das extremere Geschlecht.« Das zeigt sich unter anderem daran, dass sie im Durchschnitt früher sterben als Frauen und dass männliche Neugeborene eine etwa sechs Jahre kürzere Lebenserwartung als neugeborene Mädchen haben. Ebenso ist das männliche Geschlecht deutlich anfälliger für Unfälle und Krankheiten. »Als Jugendliche werden sie häufiger drogenabhängig, und im Alter bekommen sie häufiger eine Glatze, Potenzstörungen und Schlaganfälle. Irgendwie hängt das alles mit ihrer Lebensweise und ihrem anderen Hormonhaushalt zusammen«, sagt Hüther weiter (ebd., S. 56).

Männer haben nicht nur einen anderen Körper, sondern auch ein anderes Gehirn. Deshalb denken sie anders als Frauen, fühlen und verhalten sich anders, jedenfalls im Durchschnitt. Das scheint eine Binsenweisheit zu sein, aber an sie muss in der gegenwärtigen Gender-Diskussion ab und zu erinnert werden. »Der Durchschnittsmann kann besser systematisieren und interessiert sich stärker dafür, wie etwas funktioniert«, meint Hüther. Demgegenüber habe er im Vergleich zu den Frauen einige emotionale Defizite und oft mangele es ihm an Einfühlungsvermögen. Die feinmotorischen Fähigkeiten der Männer seien zudem oft nicht so gut entwickelt, aber sie könnten zielgerichteter werfen und sich besser räumlich orientieren. Wenn sie unter Ihresgleichen seien, neigten sie stärker dazu, in Wettstreit zu treten und Dominanzhierarchien auszubilden. Ihr Kommunikationsvermögen sei im Vergleich zu dem der Frauen oft unterentwickelt, weshalb sie beispielsweise den Blickkontakt mit ihren Kommunikationspartnern vermieden. In ihrem Verhalten seien Männer oft extrovertierter als Frauen und entwickelten auch häufiger extrovertierte Störungen. »Angeblich haben Männer auch häufiger schmutzige Fantasien und einen ausgeprägten technischen Sachverstand. Sie werden häufiger Nobelpreisträger, Kriminelle und Drogenabhängige« (ebd., S. 61). Hüther macht im Folgenden deutlich, dass der Grund für diese Unterschiede zwischen Mann und Frau nicht genetisch bedingt ist, sondern in der unterschiedlichen Nutzung des Gehirns liegt. Alles, was Menschen mit großer Begeisterung erleben, machen, denken und lernen, alles, was »unter die Haut« geht, prägt das Gehirn. Und da es nun mal andere Dinge sind, die kleine Jungs im Unterschied zu kleinen Mädchen interessieren und begeistern, haben sie als Männer auch ein anderes Gehirn. Außerdem spielt das männliche Geschlechtshormon Testosteron eine wichtige Rolle, es organisiert und strukturiert das männliche Gehirn von Anfang an etwas anders als das weibliche und sorgt mit seiner Ausschüttung bei Männern oft für zu viel Antrieb. Das macht sie manchmal kopflos und für das weibliche Gegenüber unberechenbar.

Ein Mann, der sich allein über seine Körperkraft definiert, ist in seiner Entwicklung steckengeblieben. Aber für seine Initiation zum spirituellen Mann ist die Wahrnehmung, Beachtung und Gestaltung seiner männlichen Energie eine wichtige Aufgabe. Dazu gehört auch die Entdeckung des »wilden Mannes«, den jeder Mann in sich trägt. In der Mythologie und im Märchen erscheint er oft als der von Kopf bis Fuß mit Haaren bedeckte Mann. Er macht seinen Mitmenschen Angst, weil er das Unbewusste, Instinkt- und Triebhafte verkörpert und nicht so leicht zu zähmen ist.

Die Industrie- und Konsumgesellschaft bevorzugt den keimfreien, haarlosen, oberflächlichen und glatten Mann, weil er leichter auszurechnen und zu manipulieren ist. Auch in der Kirche, in deren Geschichte und Tradition immer wieder »wilde Männer« (zum Beispiel Jesus, Johannes der Täufer, Wüstenväter usw.) auftraten, mag man lieber den gezähmten Mann. Der Softie, der als der friedliche und zärtliche Mann die Harmonie sucht, scheint dem Idealbild des religiös-kirchlichen Mannes eher zu entsprechen als der »wilde Mann«. Die Wildheit oder Unfreundlichkeit des wilden Mannes ist nicht zu verwechseln mit dem Machogehabe, das Männern schon zur Genüge vertraut ist. Im Gegenteil, die Energie des »wilden Mannes«, für den Reprobus in der Legende steht, befähigt zu kraftvollem männlichem Handeln, das nicht brutal, sondern entschlossen ist.

Männer haben nicht nur einen anderen Körper und ein anderes Gehirn als Frauen. Sie glauben auch anders. Und das wiederum hat etwas mit ihrem anders funktionierenden Körper und Gehirn zu tun. Sie glauben nicht an etwas anderes als Frauen, aber sie glauben anders, das heißt, sie haben andere Zugänge zur Religion und Spiritualität: »Männerglaube wirkt karg und einsilbig, will die eigene Lebensrealität darin finden, liebt den Einsatz von Kraft und Aggression, muss archaischer, ritualisierter, pathetischer sein. Lust und Sinnlichkeit dürfen nicht ausgeschlossen werden«, meint Markus Hofer in seinem Buch »Männer glauben anders«. Männer suchten Vorbilder, die nicht so aalglatt sind wie manche Heilige der Kirche, sondern eher solche »mit Dreck am Stecken – oder ein Jesus, der kraftvoll, fordernd, zornig ist, der Feuer auf die Erde wirft und will, dass es brennt« (Markus Hofer, Männer glauben anders, Covertext).

Wie wird nun aus dem ungelenken, wenig sensiblen, nicht gerade einfühlsamen und kommunikativen und scheinbar wenig spirituellen Mann Reprobus (der Verworfene) ein Mann, dem seine männlichen Attribute und Verhaltensweisen nicht zum Verhängnis werden, sondern der in seiner Vitalität und Gebrochenheit zum Christusträger wird und darin eine neue männliche und zugleich geistliche Identität findet?

Am Anfang des spirituellen Weges für Männer steht die Wahrnehmung, Beachtung und Gestaltung der eigenen Körperlichkeit und der Versuch, Zugang zu den eigenen männlichen Energien zu bekommen. Dabei kann die fundamentale Feststellung, dass Männer anders sind als Frauen, dass sie einen anderen Körper und ein anderes Gehirn haben, entlastend wirken und Männern die Freiheit eröffnen, ihren ganz eigenen spirituellen Weg zu gehen, wie es Frauen in der feministischen Bewegung schon längst tun.

Bioenergetische Körperübung am Morgen

Wahrnehmung, Beachtung und Gestaltung der eigenen Körperlichkeit müssen von Männern eingeübt werden. Es reicht nicht, mehr über die unterschiedlichen Funktionen des eigenen Körpers zu wissen, denn daraus ergeben sich noch keine vertiefte Wahrnehmung und Veränderung der eigenen Körperlichkeit. Nur durch ständig wiederholte Übung können neue männliche Haltungen und Einstellungen im Körper ankommen und eingefleischte männliche Fehlhaltungen und alte Einstellungen verändert werden. Das führt zu einem neuen männlichen Körperbild und wird zweifellos Rückwirkungen auf die Selbstwahrnehmung des Mannes haben.

Zunächst geht es darum, die Wahrnehmung zu sensibilisieren. Männer müssen lernen, sich ganzheitlich, das heißt im Zusammenspiel von Leib, Seele und Geist wahrzunehmen. Kognitive und reflexive Kompetenzen, die vor allem im Kopf angesiedelt sind und die Männer in der Regel gut kennen und beherrschen, müssen durch sensitive und emotionale Kompetenzen in der Wahrnehmung des ganzen Körpers ergänzt werden. Das gelingt am besten durch Achtsamkeits- und Wahrnehmungsübungen, in denen der eigene Körper systematisch durchgefühlt wird.

Stille- und Meditationsübungen beginnen oft mit Wahrnehmungsübungen, die sich vor allem auf einzelne Körperregionen und auf den Atem konzentrieren. Dabei machen die Übenden die Erfahrung, dass sie zunehmend innerlich ruhiger werden, die Unruhe der Gedankenflut langsam abebbt und sie im Augenblick präsenter sein können. So kann langsam eine neue Erkenntnis und Wahrnehmung wachsen, dass ich als Mann nicht nur einen Körper habe, der irgendwie funktioniert, sondern dass ich *ein Leib bin*.

Noch effektiver ist die Kombination von Wahrnehmungs- und Körperübungen, in denen sich der Übende leiblich »behandelt«: Im Abklopfen, Massieren und Ausstreifen einzelner Körperregionen kann Mann sich ganz deutlich spüren. Im bewussten Nachspüren dieser Erfahrung ist ein deutlicher Unterschied zwischen den bereits behandelten und den noch nicht behandelten Körperteilen wahrnehmbar. Hinzu kommen Kraft- und Beweglichkeitsübungen, die die körpereigenen Energien zum Fließen bringen.

Folgende bioenergetische Körperübung, die man am

besten am Morgen direkt nach dem Aufstehen macht, kann Männern helfen, ihren Körper intensiver wahrzunehmen, zu einer leiblichen und mentalen Präsenz zu kommen und sich für den Tag energetisch zu präparieren.

Die Übung beginnt mit einer intensiven Schüttelbewegung, mit der die körpereigenen Energien aktiviert werden und bei der man durchaus etwas außer Atem kommen darf. Sodann wird der Körper systematisch durchgeklopft bzw. massiert. Die Übung beginnt bei den Füßen und setzt sich dann anabatisch (aufsteigend) bis zum Scheitel fort, um dann katabatisch (absteigend) die Vorderseite des Körpers in Behandlung zu nehmen. Wichtig sind dazwischen immer wieder Unterbrechungen, bei denen man bewusst in die behandelten Körperregionen hineinspürt. Die einzelnen Elemente dieser Übung sollten jeweils mindestens dreimal wiederholt werden.

Übung:

- Stelle dich aufrecht hin, lasse die Arme seitlich am Körper herunterhängen.
- Schüttle dich aus: die Hände aus den Handgelenken, dazu die Arme aus den Schultergelenken, wippe gleichzeitig in den Knien (mindestens 2 Minuten).

Von unten nach oben

- Spüre deine Füße im Kontakt mit dem Boden.
- Klopfe deine Beine mit den Handflächen vom Fuß bis zum Gesäß wach, zuerst das eine, dann das andere; spüre dem nach.
- Knete mit der linken Hand den rechten Arm hinauf wach; dann umgekehrt.
- Massiere beide Ohren.
- Klopfmassage mit Fingerkuppen: Starte vom Nacken über die Halswirbelsäule, den Hinterkopf, die Schädeldecke zur Stirn, auch die Schläfen; spüre dem nach.
- Lasse deinen Kopf vorsichtig kreisen, links und rechts herum.

Von oben nach unten

- Massiere deine Nase mit den Zeigefingern.
- Streife deine Augen von innen nach außen aus.
- Streife dann das Gesicht aus.
- Klopfe die oberen Atemwege, den Brustkorb, den Bauch, die Flanken, die Arme von oben nach unten mit den Handflächen ab und streiche sie dann aus.
- Balle die Hände zur Faust, baue Spannung über die

Unterarme bis zum Bizeps auf, halte die Luft an, lasse dann plötzlich los und stoße die Luft aus (mindestens dreimal).

- Lasse deine Hüften kreisen: links herum, rechts herum.
- Hebe deine Knie so hoch wie möglich an, Zehenspitzen zeigen dabei nach unten.
- Nimm dein linkes Knie zum rechten Ellenbogen, rechtes Knie zum linken Ellenbogen.
- Ziehe deine Hacken in Richtung Gesäß.
- Wiederhole die Schüttelübung vom Anfang, lasse dabei alle Anspannungen aus der Stirn, dem Kiefer, den Schultern los.
- Nimm dich in deiner ganzen Größe von den Fußsohlen bis in die Haarspitzen wahr, spüre nach innen und nimm wahr, was ist: Wärme, Kribbeln, Frische, Vitalität, Präsenz ...

»Seit ich diese Übung regelmäßig am Morgen mache, gehe ich ganz anders in den Tag. Ich fühle mich jedes Mal körperlich und mental frisch und voller Kraft, innerlich und äußerlich aufgeräumt und strukturiert. Das merken auch die Schüler und gehen anders mit mir um«, schreibt ein Lehrer nach einem Männerseminar im Kloster. Die Übung wurde mit unterschiedlichsten Gruppen im Rahmen von spirituellen Seminaren erprobt und gehört zur Grundlage meiner spirituellen Arbeit mit Männern. Die Wirkungen dieser Übung sind sofort spürbar. Damit sie jedoch nachhaltige Veränderungen im eigenen Körpergefühl und Habitus bewirkt, braucht es schon ein paar Wochen der Einübung.

Sprichwörtliche Haltungen, wie zum Beispiel »Verkniffenheit«, »Hartnäckigkeit«, »Verbissenheit«, die vor allem Männern zugeschrieben werden und sich in so manchen Männerkörper »eingefleischt« haben, können durch diese Übung aufgelockert und überwunden werden: Die grüblerische Stirn entspannt sich, Verspannungen im Nacken lösen sich, nächtliches Zähneknirschen verschwindet.

2. Das Größere suchen

Reprobus wird geschildert als ein Mann von gewaltiger Größe und furchtbarem Angesicht, der zwölf Ellen in der Höhe maß. Mit urwüchsiger Kraft und einem ungebrochenen Ja zur Welt macht er sich auf die Suche nach dem mächtigsten Fürsten, um ihm zu dienen. Gerade dieses ungebrochene Ja beeindruckt, es ist Ausdruck seiner Entschlossenheit und Energie, mit der er auf die Suche geht. In seiner naturhaften Wildheit und Unbeirrbarkeit geht er seinen Weg und macht dabei Erfahrungen, die ihn für die entscheidende Begegnung mit Christus vorbereiten.

Männer haben trotz aller Verunsicherungen und gesundheitlichen Einschränkungen, die sie durchleben, diese ungebrochene Kraft des »wilden Mannes« in sich. Für die Suche auf dem spirituellen Weg ist es wichtig, dass sie Kontakt zu diesen Energien bekommen, die selbst dann noch verborgen in ihnen schlummern, wenn die Herausforderungen des Lebens sie schwach und müde gemacht haben. Es geht also darum, diese Vitalkraft und die Sehnsucht nach dem Größeren (die als solche zunächst noch unbestimmt bleibt) in sich zu spüren. Beides ist der Motor für den Aufbruch, und wenn dieser Motor nicht anspringt, gibt es keinen Anfang auf dem spirituellen Weg.

Leider hat man in der Kirche die Vitalkraft, wie sie etwa in der Sexualität zum Ausdruck kommt, immer wieder versucht zu drosseln und abzudämpfen, wo es doch eine wichtige Aufgabe gewesen wäre, sie zu gestalten und für den spirituellen Weg fruchtbar werden zu lassen.

Männliche Sexualität

Es gibt zahlreiche Übereinstimmungen und Berührungspunkte zwischen Religion und Sexualität. Walter Schubart meint sogar: »Das Religiöse und das Geschlechtliche sind die beiden stärksten Lebensmächte. Wer sie für ursprüngliche Widersacher hält, lehrt die ewige Zwiespältigkeit der Seele. Wer sie zu unversöhnlichen Feinden macht, zerreißt das menschliche Herz« (Walter Schubart, Religion und Eros, S. 7). Sexuelles Erleben wird wie religiöse Erfahrung als Vorgang der Entgrenzung wahrgenommen, man kann jeweils aus den Schranken der Körperlichkeit heraustreten. Des Weiteren werden beide Erfahrungen unter bestimmten Umständen als ein intensives Machtgeschehen wahrgenommen, das sich in Ergriffenheit und Überwältigtwerden äußert und mit der Willenskraft nicht mehr gesteuert werden kann: »Sexuelles Erleben wie religiöse Erfahrung streben auf dem Höhepunkt zum vorübergehenden Bewusstseinsverlust. Sie führen in Zustände von Regression, in der die Subjekt-Objekt-Spaltung aufgehoben und die Einheit mit dem All wiederhergestellt ist. Wenn die Angst vor dem Selbstverlust gebannt werden kann, dann tritt man hier wie dort in eine Sphäre reiner

Selbstvergessenheit ein« (Manfred Josuttis, Gottesliebe und Lebenslust, S. 16). Sexuelles Erleben wie religiöse Erfahrung spielen sich ganz elementar auf der Ebene der Körperlichkeit ab, transzendieren diese aber auch und bieten Möglichkeiten der Vereinigung, die ins Universelle transzendieren. Darum lehrt selbst der jüdische Talmud: »Drei haben etwas vom Jenseits an sich: die Sonne, der Sabbath und der geschlechtliche Verkehr« (zitiert nach Georg Langer, Die Erotik der Kabbala, S. 25). Im Erleben von Wärme, Ruhe und Vereinigung erfahren Menschen auf der Erde wesentliche Aspekte der Welt Gottes.

Die Gemeinsamkeiten von sexuellem Erleben und religiöser Erfahrung sind also offensichtlich. Kommen wir jetzt aber zur Frage nach der geschlechtsspezifischen Ausformung von Sexualität und Religion.

Die männliche Sexualität gibt es nicht. Wegweisend bleibt die Erkenntnis und Beschreibung der geschlechtlichen Archetypen *animus* (männlicher Geist) und *anima* (weiblicher Geist) von C. G. Jung, die darauf zielt, dass Männer ihre *anima* und Frauen ihren *animus* integrieren. Wichtig ist zunächst, dass Mann das Eigene in der Sexualität wahrnimmt und würdigt, dass er in der Wahrnehmung seiner selbst die eigene sexuelle Energie entdeckt. Wenn sich Männer ihrer phallischen Energie bewusst werden und sie als schöpferische Kraft und als Gabe Gottes dankbar erkennen und annehmen, muss das Leidenschaftliche, Wilde und Ekstatische dieser prallen Lebenskraft nicht Angst machen oder gar entgleisen, sondern kann sich mit Zärtlichkeit und Sinnlichkeit verbinden. Wenn Männer sich nicht mit dem Geschenk ihrer ganzen männ-

lichen Sexualität verbinden, dann besteht die Gefahr, dass
– oft unbewusst – die Schattenseiten einer phallischen
Energie, nämlich Gewalt, Zwang, Herrschaft und Unter-
drückung genährt werden. Die sexuelle männliche Energie als Lebenskraft ist immer etwas Göttliches, Schöpferi-
sches, das über sich hinausweist und uns beziehungsfähig,
lust- und verantwortungsvoll werden lässt. So muss phalli-
sche Energie auch nicht in Obelisken (Kriege) oder Wol-
kenkratzern (Finanzwelt) angebetet werden.

Richard Rohr fordert in seinem Buch »Der wilde Mann«
alle Männer auf, sich als Samenträger wahrzunehmen:
»Diese biologische Tatsache ist tief in die männliche Psyche
eingegraben: Wir wissen, dass wir Samenträger sind und
etwas Neues schaffen und zeugen müssen, um schließlich
etwas wachsen zu sehen. Ein wichtiger Teil des Mannes
versteht sich als Werkzeug des Lebens. Männliche Energie
ist eher instrumental, weibliche Energie eher beziehungs-
orientiert« (ebd., S. 83). Wenn sexuelle Leidenschaft und
Lust in der Partnerschaft lebendig bleiben sollen, dann
müssen sie ihre Kraft aus den Gegensätzen schöpfen. So ist
es wichtig, Stellung zu beziehen, zum eigenen sexuellen
Kern zu stehen, sei er maskulin oder feminin.

Sexuelle Energie ist gottgewollt, sie ist gut, sie lässt uns
das Schönste in unserem Leben erfahren: die Gabe der
Liebe. Die lebenspraktische Integration von Sexualität enthält eine grundlegende Bejahung der Schöpfung und gehört entscheidend zur Aufgabe, Körperlichkeit wahrzunehmen und zu gestalten.

Die Begegnung mit der vordergründigen Macht

»Man liest von ihm in etlichen seiner Geschichten, dass er einst stund vor einem König der Chananaeer; da kam ihm in den Sinn, dass er den mächtigsten König sollte suchen, der in der Welt wäre, und bei dem sollte bleiben. Also kam er zu einem großen König, von dem ging die Rede, dass es keinen größeren Fürsten in der Welt gebe. Der König nahm ihn mit Freuden auf und hieß ihn bei sich bleiben an seinem Hof.

Eines Tages aber sang vor dem König ein Spielmann ein Lied, darin des Teufels Name gar oft genannt war. Da nun der König ein Christ war, zeichnete er seine Stirn mit dem Zeichen des Kreuzes, sooft des Teufels Name genannt ward. Als Christophorus das sah, verwunderte er sich über die Maßen, warum der König das täte, und was er mit dem Zeichen meinte. Er fragte den König, der aber wollte es ihm nicht sagen. Da sprach Christophorus: ›Sagst du es mir nicht, so bleibe ich nicht länger bei dir.‹ Also zwang er den König, dass er sprach: ›Wann ich den Teufel höre nennen, so segne ich mich mit diesem Zeichen; denn ich fürchte, dass er sonst Gewalt gewinne über mich und mir schade.‹ Sprach Christophorus: ›Fürchtest du den Teufel, dass er dir schade, so ist offenbar, dass er größer und mächtiger ist denn du, da du solche Angst vor ihm hast. So bin ich denn in meiner Hoffnung betrogen, da ich vermeinte, dass ich den mächtigsten Herrn der Welt hätte gefunden. Aber nun leb wohl, denn ich will den Teufel selbst suchen, dass er mein Herr sei und ich sein Knecht.‹ Also ging er von dem König und machte sich auf, den Teufel zu suchen.«

Reprobus beginnt seinen Weg in die Welt naiv. Er ist ganz von der Idee beseelt, seine starken Kräfte in einer für ihn angemessenen Weise einzusetzen. In seiner Welt, die noch klar strukturiert ist und in der das Prinzip der Über- und Unterordnung unangefochten gilt, hat der Stärkere und Einflussreichere die Macht. Er zeigt uns den Mann in einer kindlichen Naivität, der meint, dass man mit äußerer Kraft, männlicher Potenz, Geld, Waffen und Gewalt in dieser Welt das Sagen habe und bereits am Ziel sei, wenn man in diesem Machtgefüge dominiere.

Reprobus hat zunächst seinen Platz gefunden, er dient jetzt einem König, dem der Ruf vorausgeht, dass es keinen mächtigeren in der Welt gibt. Sein Dienst ist noch ganz äußerlich, er hat noch keine Probleme, er sieht noch keinen Hintergrund, er kennt noch keine Rätsel. Mitten in diesem äußeren Dienst macht er nun eine Erfahrung, auf die er nicht vorbereitet ist, von der er bisher noch keine Ahnung hatte und die ihn in naives Erstaunen versetz: Er erkennt, dass es einen Größeren und Mächtigeren in der Welt gibt als seinen Dienstherrn, weil sich dieser vor dem Teufel fürchtet. Auf einmal erscheint der so mächtige König als der Schwache, der seine Angst vor einer größeren Macht nicht verbergen kann. Rebrobus ist selbst enttäuscht und muss sich nun in seiner Suche nach dem Größeren neu orientieren.

So ist die Sicherheit des Mannes, der sich mit ungebrochener Vitalität dem Leben zugewandt hat, dahin. Er ist aus einer Naivität und problemlosen Selbstverständlichkeit herausgerissen und plötzlich aufgewacht. Seine feste Überzeugung, bereits am Ziel des Weges angekommen zu sein, wird als schmerzlicher Irrtum entlarvt. Zum ersten Mal scheint er zu realisieren, dass er sich gründlich geirrt hat und dass hinter dem, was er sieht, noch anderes sein könnte, nach dem zu fragen wäre, was man erfahren kann und das ein nicht bezweifeltes Weltbild unter Umständen völlig zu ändern vermag. Die Krise, in die er geraten ist, eröffnet ihm neue Erfahrungsräume auf der Suche nach dem Größeren.

Reprobus macht sich nun auf, den Teufel zu suchen. In diesem Zwischenstadium, in dem er dem König seinen Dienst aufgekündigt und den neuen Herrn noch nicht gefunden hat, ist er herrenlos. Die alte Beziehung, in der er eine klare Rolle und Aufgabe hatte, ist aufgelöst. Das Alte trägt nicht mehr und das Neue ist noch nicht zu fassen.

Genau diese Erfahrung scheint viele Männer heute in ihrem Selbstverständnis in eine Krise zu stürzen: Das alte Gefüge von Über- und Unterordnung trägt nicht mehr. Festgelegte Rollenbilder haben sich aufgelöst, und die alten Machtstrukturen und ein vertrautes männliches Rollenverhalten sind fragwürdig geworden. Die naive vordergründige Sicht auf die Welt, wie sie funktioniert und was sie zusammenhält, ist nicht mehr möglich.

Es ist Nacht, die Nacht von Gründonnerstag auf Karfreitag. Über vierzig Männer haben sich auf den Weg ge-

macht, um in dieser besonderen Nacht auf einer Pilger-
wanderung in der Meditation des Leidens und Sterbens
Jesu über sich selbst nachzudenken und eine spirituelle
Erfahrung zu machen. Die Texte und Rituale erzählen von
Freundschaft und Verrat, Aggression und Hingabe, Macht
und Ohnmacht, Schweiß und Blut. Themen, die Männer
beschäftigen, kommen zur Sprache und Darstellung. Gerade hatte einer der Leiter die Männer in einem Bibliolog
in ein Gespräch mit Petrus am Lagerfeuer verwickelt.
Plötzlich ist die zweitausend Jahre alte Geschichte von
Verrat und Verlassenheit ganz aktuell. Die meisten
schauen schweigend ins Feuer und hängen ihren Gedanken nach. Andere beginnen zaghaft ein Gespräch zu zweit
oder zu dritt. Wir gehen weiter. Neben mir geht Udo K.
(31 Jahre). Er trägt das schlichte, aus zwei Ästen zu-
sammengefügte Holzkreuz mit einer Dornenkrone aus
Stacheldraht der Gruppe voran. Als ich ihn frage, woher er
komme und wie er von diesem Pilgerweg erfahren habe,
erzählt er mir seine Geschichte: Er kommt aus Thüringen,
hat im Internet zufällig (?) von der Veranstaltung gelesen
und ist nur für diese Nacht ca. 150 Kilometer angereist,
um dabei zu sein. Seine Freundin hat ihn verlassen, so berichtet er, und er ist völlig »von der Rolle«. In erstaunlicher
Offenheit erzählt er, dass er nun ohne Halt ist. Er muss aus
der gemeinsamen Wohnung ausziehen und weiß nicht,
wohin. Auch beruflich ist es zurzeit schwierig. Er arbeitet
im Marketing als Werbetexter. Sein Chef hat ihn vorübergehend freigestellt, weil er ihn in dieser Verfassung nicht
gebrauchen kann. Er soll sich eine kreative Auszeit nehmen und endlich wieder in die Spur kommen, hat er ihm

geraten. Warum er in diesem Zustand ausgerechnet an dem Männernachtpilgerweg teilnimmt, weiß er auch nicht so genau. Aber er ahnt und spürt – so sagt er –, dass er in der Geschichte dieser Nacht irgendwie vorkommt und dass er in seiner Suche nach Neuorientierung hier anknüpfen kann. Vor allem braucht er jetzt Kraft und einen neuen Halt. Die alten Strukturen seiner männlichen Identität sind ins Wanken geraten, er ist zutiefst verunsichert und »leidet wie ein Hund«. Es tut ihm gut, das alles im Dunkeln einmal auszusprechen. Die Geschichte des Gründonnerstags hört er in dieser Ausführlichkeit heute zum ersten Mal. In der DDR geboren und aufgewachsen, hatte er keine Verbindung zu Kirche und Christentum. Natürlich wisse er, dass Jesus gekreuzigt worden sei, aber die näheren Umstände seien ihm unbekannt, erzählt er. In dieser Nacht wird ihm klar, wie aktuell diese alte Geschichte ist. In den Bibeltexten, die zur Sprache kommen, begegnet ihm eine andere Wirklichkeit, die ihn neugierig macht. In den Ritualen und Symbolen verbindet sich diese Wirklichkeit mit seiner Leidensgeschichte. Das Aussprechen seiner inneren Not hat ihm sichtlich gutgetan. Ich spüre deutlich, dass wir zwei jetzt noch einen Schritt weitergehen können. Ich frage, ob ich ihn segnen darf. Ja, das möchte er sehr gern. So gehen wir ein paar Schritte zur Seite. Während die anderen im Dunkeln an uns vorüberziehen, lege ich ihm die Hände auf und stelle ihn im Segen unter den Schutz und in den Machtbereich des Gekreuzigten und bitte, dass er sich seiner erbarme. Bald danach beginnt der Kreuzweg: »Wir beten dich an, Herr Jesus Christus, und preisen dich«, betet einer vor, und alle (auch Udo) antworten im

Chor: »Denn durch dein heiliges Kreuz hast du die ganze Welt erlöst!«

Was suchen Männer in dieser Übergangssituation? Kurz gesagt, sie suchen Halt und Orientierung, sie suchen sich selbst beziehungsweise eine neue männliche Identität. Sie suchen Erlösung. In der grundlegenden Verunsicherung brechen viele Fragen auf. Es sind Grundfragen der Identität in der Sehnsucht nach Leben: »Wer bin ich eigentlich? Was will ich eigentlich? Kann ich mich auf mich – mein Gefühl, meinen Körper, meinen Verstand – verlassen? Wer ist der andere eigentlich? Was will er eigentlich? Kann ich ihm – seinem Wort, seinem Verhalten, seiner Liebe – vertrauen?« (Richard Riess, Sehnsucht nach Leben, S. 44). Solche Fragen verunsichern zunächst, sind aber die Voraussetzung für eine neue Orientierung auf der Suche nach dem Größeren.

Das selbstreflexive Fragen und Suchen des durch Verunsicherung geprägten Menschen der Postmoderne geht meist noch von dem Ideal einer vollständigen und dauerhaften Ich-Identität aus, aus der der Einzelne zwar zeitweise herausfallen kann, die sich aber ganzheitlich wiedergewinnen lässt. So sind viele aber auf der Suche nach etwas, was es so nicht gibt. Die meisten Männer kennen die Erfahrung, aus einer verlässlichen Ordnung herausgefallen zu sein, orientierungslos dahinzutreiben und die innere Balance verloren zu haben. Doch die Rückkehr in eine verlorene Ganzheit, die sich in einer ausgewogenen Balance zwischen Leib, Seele und Geist manifestiert, ist eine Fiktion und ein Ideal, das immanent nicht erreichbar ist.

Christliche Existenz ist nach dem Neuen Testament immer fragmentarische Existenz. Von Kreuz und Auferstehung Jesu her sind alle ganzheitlichen Identitätsmodelle illusionär. Die Existenz des Menschen in der Nachfolge Jesu steht immer unter dem Zeichen des Kreuzes, das heißt, sie ist und bleibt eine unvollständige, gebrochene und todgeweihte Existenz. Zu erreichen ist allenfalls eine Vergewisserung und Neuorientierung des eigenen Standpunktes, nicht aber eine abgeschlossene Identität. Im Neuen Testament heißt es: »Es ist noch nicht offenbar geworden, was wir sein werden ...« (1. Johannes 3,2). Die Aufgabe der Selbstfindung besteht darin, eine falsche Orientierung zu erkennen und zu korrigieren und offen zu bleiben für eine neue Erfahrung, die nicht in der Konservierung des Alten, sondern in der Selbstüberschreitung auf ein Größeres hin möglich ist. Eine neue, vorläufige Identität kann nur gewonnen werden durch Konversion, das heißt Umkehr: Reprobus (der Verworfene) wird verwandelt zu Christophorus (Christusträger) in einem ständigen Prozess der Umkehr, der in der Erkenntnis des falschen Weges hin zur Begegnung mit Christus selbst geschieht. So sind die Irrwege bei der Suche nach dem Größeren konstitutiver Bestandteil des spirituellen Weges.

Reprobus steht noch ganz am Anfang dieses Weges. Es ist deutlich, dass sein spiritueller Weg ein Entwicklungsprozess ist, der ihn immer wieder zwingt, Abschied zu nehmen von gewonnenen Erkenntnissen und Lebenshaltungen und von ihm Offenheit für neue Begegnungen verlangt. Die Fragestellung bleibt: Wer ist der mächtigste Herr, dem zu dienen ist?

Männer und Macht

Männer, denen die Sicherheit ihrer bisherigen Rolle und Aufgabe, die vor allem auf Herrschaft und Dominanz basierte, fragwürdig geworden ist, haben ein Problem mit der Macht. Viele haben Angst davor, was durchaus verständlich ist. Hat nicht die Geschichte sie gelehrt, wie mörderisch besonders die von Männern ausgeübte Macht unter Menschen gewütet hat, gerade in unserem aufgeklärten »Land der Dichter und Denker«? In der Gegenwart ist zu spüren, wie destruktiv wirtschaftliche und politische Machtpotenziale wirken: Armut, Hunger, Arbeitslosigkeit wachsen, Natur wird zerstört und die Lebenschancen künftiger Generationen werden aufs Spiel gesetzt. Macht, die so destruktive Auswirkungen hat, scheint selbst verdammenswert. Wer wirklich Mensch bleiben will, darf sich hier die Hände nicht schmutzig machen.

Die Angst vor der Macht führt bei vielen deshalb zu ihrer generellen Ablehnung. Diese stark moralisierende Haltung des Machtverzichts ist oft mit einem Gefühl der moralischen Überlegenheit verbunden. Daraus folgt meist ein pubertärer Pharisäismus, der bis ins hohe Alter vertreten wird. Dass aber jugendliche Fantasien von einer machtfreien Welt nicht zu realisieren sind, erleben die meisten beim Eintritt in die eigenverantwortliche Familien- und Berufswelt. Wer sich einst gegen elterliche Autorität auflehnte, muss nun selbst Kinder erziehen und dabei entdecken, dass schon Babys sehr mächtig sein können. Wer im Beruf in der Rolle des Vorgesetzten Entscheidungen treffen und durchsetzen muss, kann Strukturen der

Über- und Unterordnung nicht einfach ablehnen oder umgehen.

In der Kirche ist der Umgang mit Macht noch problematischer (vgl. Manfred Josuttis, Petrus, die Kirche und die verdammte Macht, S. 7ff.). Muss nicht gerade der Glaube – so meinen viele – um der Liebe zu allen Menschen willen darauf dringen, dass Machtpositionen beseitigt, Herrschaftsansprüche abgebaut und Abhängigkeitsverhältnisse aufgelöst werden? Sehr oft wird dies mit dem Hinweis auf die Worte und Taten Jesu gefordert. So wird beispielsweise in heutigen Predigten Jesus häufig sehr einseitig als derjenige dargestellt, der auf alle Macht verzichtet, der in Ohnmacht den Kreuzestod erlitten hat und auch von seinen Nachfolgern in der Bergpredigt den Machtverzicht fordert. Dabei werden jedoch die aggressiven Anteile seiner Botschaft – zum Beispiel die apokalyptischen Reden in Matthäus 24 und 25 – und seines Handelns – zum Beispiel die Tempelreinigung in Matthäus 21,12–17 – und sein machtvolles Auftreten völlig ausgeblendet.

Als ich 1973 in Göttingen mit dem Studium der Evangelischen Theologie begann, waren die von der 68er-Generation eingeleiteten gesellschaftlichen Umbrüche gerade im vollen Gang. Die Aufmerksamkeit der Nach-68er richtete sich jetzt aber vor allem darauf, die autoritären Strukturen der Ordinarienuniversität abzuschaffen beziehungsweise zu reformieren und in einer grundlegenden Hochschulreform »herrschaftsfreie Räume« für Forschung und Lehre zu ermöglichen. Das Thema Macht war immer aktuell. Ob es nun um die angestrebte Hochschulreform, die studentische oder feministische Emanzipationsbewegung, die gerade aufkommende Anti-Atomkraft-Bewegung oder die südamerikanische Befreiungstheologie ging – die Machtausübung der Gegner wurde, sicher zu Recht, verurteilt, die eigene Macht aber nicht wirklich reflektiert. So konnte man die autoritären Strukturen der Universität verurteilen und bekämpfen, indem man Vorlesungen und Lehrveranstaltungen konservativer Professoren durch »Go-Ins« rücksichtslos sprengte, und dabei subjektiv das Gefühl haben, moralisch richtig gehandelt zu haben.

Als junger Mann war ich in dieser aufgeladenen und im Umbruch befindlichen Gesellschaft total verunsichert. Als politischer Theologe, als Geliebter und Liebender, als Christ, als Staatsbürger, als Konsument – was immer die Rollen auch waren – galt es, die gesellschaftlichen und kirchlichen Macht- und Herrschaftsstrukturen genau zu analysieren, herrschaftsfreie Räume zu schaffen und darin einen neuen Umgang mit der Macht einzuüben. Als Theologen träumten wir von der Kirche als einem herrschaftsfreien Raum, wo alle Über- und Unterordnung schon jetzt überwunden werden und das Reich Gottes wenigsten abbildhaft im Hier und Jetzt verwirklicht werden könne. Auch in der sexuellen Revolution waren wir als junge Männer total verunsichert. Machogehabe unter Theologiestudenten galt als absolutes »No-Go«, vielmehr war der durchschnittliche Theologiestudent ein Softie, Frauenversteher und Gutmensch.

Macht wird allzu oft einfach mit Gewalt gleichgesetzt. Gewaltanwendung ist durchaus eine Möglichkeit, Macht auszuüben. Aber dies ist kein unabdingbares Gesetz.

Macht ist zunächst einmal moralisch betrachtet neutral. Sie besteht in der Möglichkeit, auf das Leben anderer positiv oder negativ, fördernd oder zerstörerisch einzuwirken. Macht kann, im Blick auf das Ziel, Leben erhalten oder Leben zerstören. Wird sie aber, etwa aus Angst vor Gewalt, nicht ergriffen bzw. ausgeübt, entsteht ein Machtvakuum, in das unter Umständen der Dreiste, Rücksichtslose oder Gewalttätige einbricht und seine Interessen gewaltsam durchsetzt.

Dass Macht viele Facetten hat, ist wohl deutlich geworden, und dass mit der Forderung nach Machtverzicht die Probleme dieser Welt nicht zu lösen sind, ebenfalls. Ein neuer Umgang mit Macht im Sinn von Einflussnahme ist eine Aufgabe, der sich vor allem Männer heute auf dem spirituellen Weg stellen müssen. Dass es immer noch viele Männer gibt, die im Rahmen patriarchaler Machtstrukturen das andere Geschlecht unterdrücken, die Natur ausbeuten und Leben auf diesem Planeten zerstören, ist ein Skandal. Ein neuer männlicher Umgang mit Macht ist in der Dynamik von Macht – Ohnmacht – Vollmacht neu zu bestimmen und zu gestalten. Christophorus ist, so werden wir sehen, selbst ein Mann, der diese Entwicklung am eigenen Leib durchmachen wird. Im Bewusstsein seiner körperlichen Kräfte, die ihm Macht und Stärke verleihen, wird er im Tragen eines kleinen Kindes in die Erfahrung von Kraftlosigkeit und Ohnmacht geführt, um dann schließlich in eine neue Identität hineinzuwachsen, die sich als Vollmacht erfahren lässt und im blühenden Palmbaum symbolisiert ist.

Allmachtfantasien männlicher Machtausübung können

durch Ohnmachtserfahrungen erschüttert und korrigiert werden. Auf dem spirituellen Weg kann die männliche Machtausübung ihr Korrektiv und ihre Richtung an der Macht, Ohnmacht und Vollmacht des Gekreuzigten Jesus Christus finden.

Die Begegnung mit der hintergründigen Macht

»Einst kam er in eine Einöde, da sah er eine große Schar Ritter; einer von ihnen war wild und schrecklich anzusehen, der kam zu Christophorus und fragte ihn, wohin er fahre. Er antwortete: ›Ich suche den Herrn den Teufel, denn ich wäre gern sein Knecht.‹ Sprach der Ritter: ›Ich bin der, den du suchst.‹ Des war Christophorus froh und gelobte ihm seinen Dienst für ewige Zeiten und nahm ihn zu seinem Herrn.

Da sie nun mit einander dahinzogen, kamen sie einst auf eine Straße, da war ein Kreuz am Wege erhöhet. Alsbald der Teufel das Kreuz sah, floh er voll Furcht und ließ die Straße, und führte Christophorus zur Seite einen rauen und wüsten Weg, und darnach wieder zu der Straße. Christophorus verwunderte sich darob und fragte ihn, warum er den geraden Weg habe verlassen und auf solchen Umwegen durch die Wüste sei gefahren. Der Teufel wollte es ihm in keiner Weise sagen, aber Christophorus sprach: ›Sagst du es mir nicht, so gehe ich alsbald von dir.‹ Also zwang

er den Teufel, dass er sprach: ›Es ist ein Mensch gewesen, Christus mit Namen, den hat man ans Kreuz
geschlagen; und so ich dieses Kreuzes Zeichen sehe,
so fürchte ich mich sehr und muss es fliehen.‹ Sprach
Christophorus: ›So ist dann jener Christus größer und
mächtiger denn du, so du sein Zeichen so sehr fürchtest? Also war meine Mühe umsonst, und ich habe
den größten Fürsten der Welt noch nicht gefunden.
Lebe nun wohl, denn ich will von dir scheiden
und Christum suchen.‹«

Mit dem Abschied aus den Diensten des Königs hat Reprobus zugleich Abschied von einem naiven und vordergründigen Weltverständnis, das sich allein am Sichtbaren
und Messbaren orientiert, genommen. Noch immer sucht
er nach dem Größeren, dem er seine Dienste anbieten und
seine Lebenskraft zur Verfügung stellen möchte. Der Teufel in der furchterregenden Gestalt des Ritters ist nun die
Personifizierung einer anderen unheimlichen, hintergründigen Macht, die Reprobus als solche noch nicht kennt
und noch nicht einzuschätzen vermag.

In einigen biblischen Texten verkörpert der Teufel das
Böse schlechthin und ist der große Gegenspieler der
Mächte, die im Dienst Gottes stehen. Er repräsentiert eine
diffuse hintergründige Macht, die die Welt zweideutig
werden lässt. Mit ihr kommt die Versuchung, aber auch
der Zweifel ins Spiel. Das Leben ist nicht nur eine ebene
Bahn, auf der man schlicht und treuherzig dahergeht, um
für brave Treue belohnt zu werden. Die Welt und manchmal auch das eigene Herz werden zum Kampfplatz dieser

hintergründigen Mächte, auf dem man siegen oder auch verlieren kann.

Wer einen spirituellen Weg geht, wird unausweichlich mit diesen Mächten konfrontiert, er wird von ihnen attackiert und durchgeschüttelt. Am Anfang seines öffentlichen Wirkens wurde auch Jesus »vom Geist in die Wüste geführt, damit er vom Teufel versucht würde« (Lukas 4,1). Auf dem Weg des Glaubens ist die Begegnung mit dieser hintergründigen Macht geradezu notwendig, sie gehört gleichsam zur spirituellen Initiation.

Bei allem Ernst, der in dieser Begegnung liegt, erzählt die Legende nun, wie schwach die Macht des Teufels wirklich ist. Er hat in Christus bereits seinen Herrn gefunden, dem er zwar nicht bereit ist zu dienen, den er aber in seiner Macht anerkennt. Im Folgenden hört man den Schalk des Legendenerzählers heraus, wenn er vom Triumph des Glaubens über den Bösen und den Sieg Christi über seine Macht erzählt, wie der Teufel gleichsam »an der Nase herumgeführt wird« und man über ihn lachen kann.

Der Teufel gerät durch die Begegnung mit dem Kreuz in Bedrängnis, er muss der Macht dieses Zeichens weichen, das unbeirrt auf seinem Platz am Weg steht und viel mehr als den Weg beherrscht. Das Kreuz ist hier nicht Symbol der Ohnmacht, sondern der Macht: Am Kreuz Jesu Christi, das vordergründig als ein Zeichen für politische Ohnmacht gesehen werden kann, ist in Wahrheit die Versöhnung der Welt, die Sühne für alle Schuld, die Stellvertretung für alle Strafen, die Erlösung aller Verlorenen, der Einbruch der Ewigkeit, die Überwindung des Todes geschehen. »Das Kreuz wurde zur Mitte der Zeit und zum Sinn des Lebens, weil in der Kreuzigung Jesu die machtvolle Lösung aller Spannungen und Widersprüche des Lebens gelungen ist« (Manfred Josuttis, Petrus, S. 204f.).

Wer einem Kreuz auf seinem Weg begegnet, wird mit dieser Wirklichkeit konfrontiert. Er kann ihr ausweichen oder sich ihr stellen. Wer sich selbst bekreuzigt, das heißt, sich mit dem Zeichen des Kreuzes segnet, wie es Martin Luther als eine tägliche spirituelle Übung am Morgen und am Abend empfiehlt, der eignet sich die Wirklichkeit des im Kreuz symbolisierten Heilsgeschehens an, stellt sich unter ihren Schutz, wehrt das Böse ab und wird bevollmächtigt, in der Kraft dieser Wirklichkeit seinen Weg zu gehen.

Es war in der Mitte der 90er-Jahre, die evangelische Pilgerbewegung in Deutschland stand noch ganz am Anfang. Durch die Teilnahme an katholischen Wallfahrten war ich vom Pilgergeist »infiziert« worden und voller Begeisterung für diese spirituelle Neuentdeckung. Meine Frage war: Wie kann man die Spiritualität des Wallfahrens und Pilgerns auch evangelisch geprägten Menschen erschließen? Zusammen mit einem Kollegen hatte ich öffentlich eingeladen, eine Woche auf den Spuren der Heiligen Elisabeth die Strecke von Marburg nach Eisenach zur Wartburg zu pilgern. Über dreißig vorwiegend evangelische Männer und Frauen waren der Einladung gefolgt und zu einem Vorbereitungstreffen gekommen. Nach einer Vorstellungs- und Kennenlernrunde und der Einführung in das Leben und Wirken der Elisabeth von Thüringen kamen wir zu organisatorischen Fragen, die uns an einem Punkt in eine ungeahnt kontroverse inhaltliche Debatte führten. Es ging um die Frage, wie wir als Pilgergruppe sichtbar werden und uns äußerlich etwa von einer Wandergruppe unterscheiden könnten. Zögerlich, weil selbst noch unsicher, schlugen wir Leiter vor, ein aus Ästen selbstgebautes und mit Blumen geschmücktes österliches Kreuz vorwegzutragen. Es solle das Kreuz als Lebensbaum in seiner österlichen Kraft der Überwindung des Todes darstellen. Jede und jeder der oder die wolle, könne es tragen, keiner solle dazu genötigt werden.

Eine Frau meldete sich zu Wort. Sie sei nicht bereit, hinter einem Kreuz herzugehen, das in der Geschichte der Christenheit ein Symbol für Herrschaft und Gewalt geworden sei, angefangen bei Jesus über die Kreuzzüge bis in unsere Tage. Andere Anwesende pflichteten ihr bei. Wieder andere meinten jedoch, das sei doch ein katholischer Brauch. Als klar wurde, dass wir Leiter auf dem Mitführen eines Pilgerkreuzes bestanden, kam es zu einer Scheidung der Geister. Ungefähr die Hälfte der Teilnehmenden, vorwiegend Frauen, erklärten, dass sie unter diesen Umständen nicht mitpilgern würden. So machte sich vier Wochen später eine Pilgergruppe von sechzehn Personen auf den Weg. Und seit Ende der 90er-Jahre startet nun jeden Sommer eine ständig größer werdende, mittlerweile auf ca. sechzig Personen angewachsene ökumenische Pilgergruppe einen einwöchigen Pilgerweg zum alten Wallfahrtsort Hülfensberg im Grenzbereich Nordhessen/Thüringen. Das der Gruppe vorangetragene, mit Blumen geschmückte Pilgerkreuz gehört mittlerweile ganz selbstverständlich dazu. Es strukturiert die Gruppe, weil es den auferstandenen Christus repräsentiert, der uns vorangeht und an dem wir uns innerlich und äußerlich orientieren. Wer nicht so gut zu Fuß ist, wird gebeten, vorn beim Kreuz zu laufen. Einzelne berichten, dass ihnen die Nähe des Kreuzes Kraft gibt und dass es sie irgendwie mitziehe. Die sich ständig abwechselnden Kreuzträger und Kreuzträgerinnen berichten, dass sie anders, das heißt auf irgendeine Weise gerader, aufrechter und bewusster gehen, wenn sie das Kreuz in den Händen halten. Es ist ein kraftvolles Symbol, das Menschen mit der Leidens- und Auferstehungskraft Jesu verbindet. Am Kreuz Jesu scheiden sich aber auch die Geister.

Weil der Teufel in der Legende dem Kreuz ausweicht, weil er Angst vor der symbolisierten Wirklichkeit hat, wird er für Reprobus in seinem Anspruch, der Mächtigste zu sein, fragwürdig. Auf die Frage nach seinem ausweichenden Verhalten verweigert der Teufel zunächst die Antwort. Als Reprobus jedoch droht, ihn zu verlassen, gibt er ihm zur Antwort: »Es ist ein Mensch gewesen, Christus mit Namen, den hat man ans Kreuz geschlagen; und so ich dieses Zeichen sehe, so fürchte ich mich sehr und muss es fliehen.« Reprobus hat Macht über den Teufel gewonnen, dieser muss ihm das Bild des Christus zeichnen. Wieder muss Reprobus erkennen, dass er dem falschen Herrn gefolgt ist und mit seiner Suche nach dem Größeren noch nicht am Ziel ist. »So ist denn jener Christus größer und mächtiger denn du, so du dieses Zeichen fürchtest? Also war meine Mühe umsonst, und ich habe den größten Fürsten der Welt noch nicht gefunden. Lebe nun wohl, denn ich will von dir scheiden und Christum suchen«, resümiert er.

Man kann also dem Teufel und seiner Herrschaft kündigen und ihn verlassen – eine erstaunliche Erkenntnis, die Reprobus hier gewinnt! Er löst sich schließlich vom Teufel, noch ehe er dessen Abgründe ganz erkannt hat. Mit seiner Entscheidung, Christus zu suchen und zu dienen, wird er frei von einem Dienst, dessen dämonische Gefahren er erst später erkennen wird.

Wieder befindet sich Reprobus in einem verunsichernden Zwischenzustand, in dem etwas zu Ende gegangen ist, das nicht tragfähig war, das Neue aber noch nicht greifbar ist. Wieder ist er in eine Krise geraten, in der er sich einen weiteren Irrtum auf der Suche nach dem Größeren eingestehen muss.

Vom Sinn zum Segen

Viele Männer kennen diese krisenhaften Zwischenzustände auf ihrem Lebensweg. Auf der Suche nach dem Größeren, nach Sinn sind sie auf einem Irrweg oder in einer Sackgasse gelandet. Das ist eine schmerzliche Erfahrung, besonders dann, wenn sie sich schon wiederholt eingestellt hat. Die einen suchen sich selbst, weil sie das Gefühl haben, ihre Mitte, ihre Identität verloren zu haben, und sind schon halbwegs zufrieden, wenn sie in eine innere Balance zurückfinden. Andere wiederum, die in Leid geraten sind, denen ihr Leben fragwürdig geworden ist und denen Gott in unerreichbare Ferne gerückt ist, fragen nach dem Sinn ihres Lebens. Sie wollen hinter die Dinge schauen, Zusammenhänge erkennen, Tiefe gewinnen, ihr Leben deuten beziehungsweise gedeutet bekommen. Hier sieht die Kirche eine ihrer Hauptaufgaben: Menschen bei der Sinnsuche zu begleiten, ihnen Deutungsmuster für ihr Leben bereitzustellen und mit ihnen nach Antworten auf ihre Lebensfragen zu suchen.

Wenn Männer früher gefragt wurden, was ihrem Leben Sinn und Halt gibt, spielte bei den Antworten die Erwerbsarbeit eine zentrale Rolle. Das ist heute anders. Die 2007 von Martin Engelbrecht und Martin Rosowski herausgegebene Studie »Was Männern Sinn gibt«, die die Religiosität von kirchlich distanzierten Männern untersucht, zeigt deutlich: Männer wehren sich zunehmend gegen jede Form der Fremdbestimmung und bauen sich bewusst Gegenwelten zur Alltags- und Arbeitswelt auf, in denen sie auftanken, Kraft schöpfen und den Wert und Sinn ihres Lebens selbst bestimmen. Auf die Frage, was ihrem Leben Sinn gibt, antworten Männer nicht mit religiösen Begriffen und Inhalten. Männer sind, so ein Ergebnis dieser Studie, im Allgemeinen nicht als »Sinnsucher« im religiösen Sinn zu bezeichnen, sondern sie halten vielmehr Ausschau nach elementaren Erfahrungen des Lebens. »Das, was das Leben der Männer sinnvoll macht, ist letztlich das Leben selbst« (ebd., S. 169). Dabei spielen Motive wie »Kampf«, »Leben und Abenteuer«, »Beziehung«, »Kreativität«, »Natur« usw. eine wichtige Rolle. »Die häufig anzutreffende Selbstsicht kirchlicher Anbieter als ›Sinnagenturen‹, die Antworten auf die Sinnfragen der Individuen bereitstellen, erweist sich hier als grundlegend revisionsbedürftig: Die

Interviewpartner stellen sich zwar durchaus solchen Fragen, äußern aber selten bzw. fast nie das Bedürfnis, zu ihrer Bearbeitung auf kirchliche Deutungsangebote zurückzugreifen« (ebd., S. 13). Es liegt den meisten Männern fern, vorgegebene religiöse oder auch nichtreligiöse Sinnangebote einfach zu übernehmen. In ihrem grundlegenden Bedürfnis nach Selbstbestimmung und Unabhängigkeit ist für sie die Autonomie der eigenen Lebensführung und -deutung eine wichtige Leitlinie. Sinnentwürfe müssen individuell konstruiert werden, dabei auch einleuchten und individuell verantwortet werden – so der Anspruch vieler Männer. Dabei ist ihnen durchaus bewusst, dass es neben einem »erarbeiteten« Sinn auch einen »erlebten« bzw. »widerfahrenen« Sinn gibt. Nicht immer ist man des eigenen Glückes bzw. Sinnes Schmied. Manches wird einem geschenkt bzw. fällt einem zu wie ein »Sechser im Lotto«. Ein Mann bezeichnet im Interview seine Ehefrau als solch einen persönlichen »Sechser im Lotto«, die immer zu ihm gestanden hat, egal, was passierte, die ihn ermutigt und ihm über alle Selbstzweifel hinweggeholfen hat, und mit der er jetzt ein erfülltes und sinnvolles Leben leben darf (ebd., S. 67).

Vor allem die Natur ist für viele Männer eine Quelle von Kraft und sinnvollem Leben. Als die Teilnehmer eines Männerseminars mit einem meditativen Impuls in den nahegelegenen Wald geschickt wurden, berichtet einer von seinen Erfahrungen: »Dann hatte ich da drinnen ein Erlebnis, als ich ganz gelassen an meinem Baum hockte, und mir war es plötzlich Wurst, dass ich nass war. Und da ist bei dem ersten Mal etwas sehr Intensives passiert, dass ich wirklich so einen transzendentalen Moment da irgendwo drin habe, wo ich sage, ich bin ein Teil der Schöpfung, und mir ist es durch den Kopf gegangen: Tod, Schöpfung, das größere Ganze, Kosmos, Natur, da sind mir so Dinge eingefallen, dass es ja nachgewiesen ist in der Zwischenzeit, dass wir mit Bruder Baum viel hochkarätiger verwandt sind (…) als man so bislang gedacht hätte. Und ich war im Wald plötzlich umgeben von Leben wie ein Hauch, wie Indianerbruder Baum.«

Die Sinnfrage scheint in der Neuzeit zur Grundfrage menschlicher Existenz geworden zu sein. Sie wird allerdings nur noch selten mit religiösen Motiven in Verbindung gebracht und ist über die Gottesfrage bzw. Theodizeefrage weiträumig hinausgewachsen. Nicht mehr die Gerechtigkeit Gottes, sondern die Zielperspektive des eigenen Lebens gerät jetzt in den Sog der Sinnlosigkeit.

In den neuzeitlichen Sinnsuchbewegungen wird deutlich, dass Menschen in Lebenskrisen nicht nur Sinn, sondern vor allem Segen, das heißt Lebenskraft brauchen, auch wenn sie das so nicht *expressis verbis* artikulieren. Das Evangelium, die frohe Botschaft von der Liebe Gottes, das die Kirche weiterzusagen hat, ist ja weit mehr als ein Sinnangebot, es ist »eine Kraft Gottes, die selig macht alle, die daran glauben« (Römer 1,16).

Nicht die Sinndeutungen helfen in der Verzweiflung, sondern vor allem jene Kraft, die die Leere, die ein Leben erfüllt, auslöscht und durch wirkliche Lebensfülle ersetzt. Die Hilfe, die Menschen brauchen, übersteigt bei Weitem den Bereich des Bewusstseins und ist deshalb auch nicht nur kognitiv zu vermitteln und zu erfassen. Wenn in die Seele, das auf Gott bezogene Lebenszentrum des Menschen, durch den Kontakt mit dem Heiligen göttliche Energie fließt, dann geschieht das nicht nur durch Worte, sondern vor allem in Ritualen wie zum Beispiel der Taufe, dem Abendmahl oder auch dem Segen. Davon wird in einem anderen Zusammenhang noch zu reden sein.

Der Alltag mit seinen beruflichen und familiären Anforderungen kostet viel Kraft. Mancher Mann ist an der Grenze seiner körperlichen und psychischen Leistungsfähigkeit angelangt. Wie kann Mann den Alltag auf eine größere Wirklichkeit hin überschreiten, wesentlich werden, Tiefe gewinnen, neue Kraft schöpfen? Aus eigener Kraft ist das kaum möglich. Aber die Sehnsucht danach, die sich in einer gewissen inneren Unruhe ausdrückt, ist der Nährboden, auf dem trotz vieler Irrwege und Rückschläge schließlich Neues aufbricht und geschenkt wird.

»Er gibt dem Müden Kraft
und dem Erschöpften Stärke.
Die Jugend wird müde und ermattet,
selbst junge Krieger brechen zusammen.
Die aber auf den Herrn hoffen,
schöpfen neue Kraft,
empfangen Schwingen gleich dem Adler.
Sie laufen und werden nicht müde,
sie gehen und werden nicht matt.«
Jesaja 40,29–31

Männer suchen in den Sinnlosigkeiten des Lebens nicht zuerst plausible Erklärungen ihrer Situation, sondern Kraft, um diese auszuhalten und unter Umständen auf eine größere Wirklichkeit hin zu überschreiten: »Die Seele, das gottbezogene Lebenszentrum des Menschen, hat mehr als Sinn zu erwarten, sie erhält durch den Kontakt mit dem Heiligen göttliche Energie« (Manfred Josuttis, Segenskräfte, S. 103).

Übung: Gott in meinem Atem

Atem ist Leben, beständig strömendes Leben. Er ist die Gabe Gottes, der Geist, der in uns einströmt. Im Atem wird der Körper belebt, darf die Seele aufatmen und neue Kraft schöpfen. Atmen geschieht in einem energetischen Austausch: Verbrauchtes wird ausgeschieden, Lebenskraft wird aufgenommen. Um das zu spüren, kann die folgende Übung helfen:

- Setze dich aufrecht.
- Spüre die Füße im Kontakt zum Boden.
- Spüre den Kontakt deiner Sitzfläche zum Sitz.
- Richte deine Wirbelsäule aus dem Becken heraus frei auf.
- Schließe die Augen.

- Werde dir deines Atems bewusst, nimm wahr, wie er kommt und geht (5 Minuten).
- Richte deine Aufmerksamkeit nun auf das Ausatmen. Atme mehrmals tief aus in Richtung Boden. Lege alle deine negativen Gedanken und Gefühle in den Atem und schicke sie fort in Richtung Boden.
- Richte deine Aufmerksamkeit nun auf das Einatmen.
- Stelle dir vor, dass die Luft, die du einatmest, mit der Kraft und Gegenwart Gottes erfüllt ist. Stelle dir die Luft als ein riesiges Meer vor, das dich umgibt. Die Luft, die du einatmest, ist vom Göttlichen erfüllt, du atmest Göttliches ein.
- Wenn du einatmest, lasse diese Energie bis zum Herzen fließen, atme in das Herz ein und lasse mit dem Ausatmen die Energie sich vom Herzen aus in alle Zellen deines Körpers ausbreiten.
- Sei dir bewusst, dass du die Kraft und die Gegenwart Gottes in dich einziehst, jedes Mal, wenn du einatmest. Bleibe in dieser Wahrnehmungsübung, solange du kannst.
- Was geht in dir vor, wenn du dir bewusst wirst: Mit jedem Atemzug ziehe ich Gott in mich hinein?

Die Wirkungen dieser einfachen Übung können sehr intensiv sein. Mit der bewussten Wahrnehmung des Körpers und der Übung der Achtsamkeit für den Fluss des Atems kann man zur Ruhe und aus der Zerstreuung der Gedanken und Gefühle zu einer realen Präsenz im Hier und Jetzt kommen. Negative Gefühle und Gedanken, Ohnmacht und Hilflosigkeit können mit dem Ausatmen wirklich

»weggeschickt« und entsorgt werden. Mit dem Einatmen können nun göttliche Energien aus dem Kosmos durch die Nase oder den Mund in den Körper fließen und sich im Ausatmen im Körper verteilen, sodass jede Zelle von dieser Kraft erfüllt wird.

3. Einen Mentor finden

»Er suchte lange Zeit, ob ihm jemand von Christo möchte Kunde geben. Zuletzt kam er zu einem Einsiedel, der predigte ihm von Christo und unterwies ihn mit Fleiß im Glauben. Und sprach zu Christophorus: ›Der König, dem du dienen willst, begehrt, dass du viel fastest.‹ Antwortete Christophorus: ›Er fordere von mir ein ander Ding, denn dies vermag ich nicht zu tun.‹ Sprach der Einsiedel: ›Es ist not, dass du viel zu ihm betest.‹ Antwortete Christophorus: ›Ich weiß nicht, was das ist, und kann ihm darin nicht folgen.‹ Da sprach der Einsiedel: ›Weißt du den Fluss, darin viel Menschen umkommen, so sie hinüber wollen fahren?‹ Antwortete Christophorus: ›Ja, ich weiß ihn.‹ Und der Einsiedel sprach: ›Du bist groß und stark; setze dich an den Fluss und trage die Menschen dahinüber, so wirst du Christo dem Könige gar genehm sein, dem du zu dienen begehrst; und ich hoffe, dass er sich dir daselbst wird offenbaren.‹ Sprach Christophorus: ›Das vermag ich wohl, und ich will ihm hierin dienen.‹«

Nachdem Reprobus auf seiner Suche nach dem Größeren auch beim Teufel nicht fündig geworden ist, steht er wieder in jenem unsicheren Zwischenraum. Das bisher Erlebte ist nicht spurlos an ihm vorübergegangen. Er ist vorsichtiger geworden. Die Begegnung mit dem König, dem Vertreter der vordergründigen Macht, und dem Teufel, dem Repräsentanten der hintergründigen Macht, haben ihn in seiner Suche nach dem Größeren verunsichert. Er musste erkennen, dass nicht die äußere Kraft die Welt regiert, sondern dass nur die innere in einer von ihm noch nicht verstandenen Weise helfen kann. So kommt er schließlich zu einem Einsiedler, der sein Leben in Einsamkeit und Stille zubringt. In der Geschichte der Religionen und insbesondere des Christentums haben Einsiedler immer wieder eine große Faszination auf Gottsucher ausgeübt.

Wüstenväter als Mystagogen

Zwischen dem dritten und sechsten Jahrhundert kam es in der jungen Kirche zu einer denkwürdigen Entwicklung: Immer mehr vor allem junge Männer aus den Städten Ägyptens und Kleinasiens zogen sich in die Wüsten Oberägyptens und Syriens zurück. Die Wüste übte auf sie eine eigenartige Faszination aus.

Das Christentum hatte zu dieser Zeit aufgehört, Widerstandsreligion zu sein und war unter Kaiser Konstantin 313 sogar römische Staatsreligion geworden. Die religiöse Praxis der sich etablierenden Staatskirche war vielen jungen Menschen einfach zu lasch geworden. Sie wollten die Worte Jesu so radikal leben, wie sie ursprünglich gemeint waren. Deshalb zogen sie aus den Städten in die unwirtliche Wüste, um dort in radikaler Einsamkeit das *secum esse*, das »Bei-sich-selbst-Sein« anzustreben und Gott neu zu suchen. In der selbstgewählten Askese und radikalen Weltfremdheit wuchsen in jenen Eremiten spirituelle Athleten und Seelenkämpfer heran, die aus dem Polytheismus Griechenlands und des römischen Reiches für den Eingottglauben des jungen Christentums kämpften: »Als lebende Gottesmetaphern zogen sich die frühen Mönche in das menschenfeindliche Element zurück, um am eigenen Leib, oder vielmehr gegen ihn, zu erfahren, was Im-Feuer-Sein, was Im-Geist-Sein, was Schon-Dort-Sein bedeutet« (Peter Sloterdijk, Weltfremdheit, S. 88). Dabei machten sie spirituelle Erfahrungen, die sie zu kompetenten Seelsorgern und Seelenführern werden ließen.

Ihre radikale Lebensweise und Gottsuche erschienen vielen so attraktiv, dass sie sich ihrerseits auf den Weg zu ihnen machten. Tausende junger »Yuppies« aus Italien und Griechenland zog es in die Wüste, um bei den erfahrenen Wüstenvätern Weisung für ihr Leben zu suchen. Die Fragen, mit denen sie die Eremiten bestürmten, waren oft grundsätzlicher Art: »Abba, gib mir ein Wort! Wie kann ich das Leben erlangen?« Die Antwort der Wüstenväter war meist knapp, manchmal auch rätselhaft und tiefgründig wie ein Koan. Der Heilige Arsenius antwortete auf eine solche Frage: »Fliehe, schweige, ruhe!«

»Alleinsein als ungezähmtes Abenteuer, Religion als elementare Begegnung mit einem Älteren, der im sokratischen Umgang mit sich selbst etwas mehr Erfahrung hat als ich. Hätte jeder von uns, gelegentlich, in seiner Nähe einen ›Abba‹, einen etwas erfahreneren Menschen, der kolossale Betreuungsbetrieb der christlichen Kirchen wäre so überflüssig wie der uferlose Jahrmarkt esoterischer Sinntiefe«, stellt der ehemalige Dominikanermönch Hans Conrad Zander in seinem Buch »Als die Religion noch nicht langweilig war. Die Geschichte der Wüstenväter« fest (S. 3 f.) und zeigt damit, wie aktuell die Wüstenväter für spirituelle Suchbewegungen in unseren Tagen sind.

In den Aufzeichnungen des Mystikers und Wüstenvaters Johannes Kassian (388 n. Chr.) findet man die Empfehlung: *Omnimodes fugare debere mulieres et episcopos* – auf jede nur denkbare Weise zu fliehen vor den Frauen und vor den Bischöfen. Etwas verkürzt ist daraus die klassische Maxime des Mönchtums geworden: »Fliehe den Bischof und die Frau!«

Die Wüstenväter hatten den Lebensstil der apostolischen Wanderprediger (Paulus und andere) übernommen: keine Familie, keinen Besitz, fremd sein. Religion nicht als Festsitzen, sondern als Exodus verstehen. Christentum als *Xeniteia*, als freiwillige Heimatlosigkeit. Deshalb: »Fliehe den Bischof und die Frau!«, denn sie stehen für das Gegenteil, sie verlangen Sesshaftigkeit.

Der Bischof war und ist bis heute oberster Repräsentant einer sesshaften Religion, die sich als Volkskirche etabliert und vor allem in Parochien (Gemeindebezirken) organisiert hat. Als Kirche am Ort wird ihre Arbeit an der Basis heute vorwiegend von Frauen gestaltet. Sie haben vielerorts ein beachtliches Netz von sozialen und diakonischen Einrichtungen aufgebaut, in denen viele Menschen Hilfe und Geborgenheit in einer kalten und entfremdeten Welt finden. Kirchliche Gruppen mit ihrer Gluckenwärme, therapeutischen Angeboten, Mutter-Kind-Kreisen, Tafeln usw. vermitteln soziale Sicherheit und ein Zusammengehörigkeitsgefühl, das sich oftmals in der Feststellung ausdrückt: »Schön, dass wir einander haben, schön, dass wir zusammen sind.« Um keine Missverständnisse aufkommen zu lassen: Hier wird eine wichtige – leider oft nur von Frauen gestaltete – Arbeit geleistet, ohne die unserer Kirche und Gesellschaft Wesentliches fehlen würde und die sich unmittelbar aus dem Evangelium ableiten lässt. Dieser auf soziale und diakonische Arbeit ausgerichteten Kirche, in der mit einer hohen kommunikativen Kompetenz Probleme angegangen und Menschen in Beziehung gebracht werden, fehlt jedoch Entscheidendes.

Das Archaische in der Religion ist dem Kommunikativen gewichen. Wo einmal Rituale waren, ist Therapie geworden. In dieser Kirche fühlt man sich zu Hause, wenn man ihre Sprache spricht, ihre Kommunikationswege versteht und beherrscht.

Auffallend ist, dass viele Männer heute, ähnlich wie damals bei den Wüstenvätern, der Ortskirche, die vom Bischof repräsentiert und von Frauen an der Basis organisiert wird, den Rücken kehren. Allerdings gehen die Männer nicht wie damals scharenweise in die Wüste, um Mönch zu werden. Aber immer mehr religiös suchende Männer machen sich vorwiegend allein auf den Weg, um etwa in der Natur, auf Pilgerwegen, im Kloster oder anderswo das *secum esse*, das »Bei-sich-Sein« und Gott zu suchen.

Viele Männer sind eher Vorübergehende und Durchreisende auf dem Weg durch diese Welt. Was sie für sich suchen, ist ihnen meistens nicht klar. Aber aufzubrechen, unterwegs zu sein, die eigenen Kräfte zu spüren, das Heilige zu ahnen und sich ihm zu nähern ist vielen näher, als im Gemeindehaus im Kreis um eine gestaltete Mitte zu sitzen und über spirituelle Erfahrungen zu reden.

Noch einmal möchte ich beispielhaft von jener Pilgernacht von Gründonnerstag auf Karfreitag erzählen, in der sich zeigt, wie die Erfahrung des Unterwegsseins Männer fasziniert: Ungefähr vierzig Männer haben sich in einer alten romanischen Kirche versammelt. Sie verstehen sich als Brüder für eine Nacht. Jeder wird willkommen geheißen: »Carsten, sei willkommen in unserem Kreis!« Sie wollen den Weg Jesu und der Jünger in dieser Nacht miterleben. »Bleibet hier und wachet mit mir, wachet und betet«, singen sie und feiern das Abendmahl Jesu. Dann brechen sie auf und pilgern durch die Nacht. Eine kleine Dorfkirche lädt zum Verweilen ein. Im Schein der Kerzen hören sie einen Abschnitt aus der Leidensgeschichte Jesu, den sie im Schweigen bedenken. Dann geht es wieder hinaus in die Nacht. Auf einer Waldlichtung hören sie die Ölberggeschichte. Jesus fleht zu Gott: »Lass diesen Kelch an mir vorübergehen …« Im anschließenden schweigenden Gehen fragen sie sich: Wo komme ich in dieser Geschichte vor? Ein Lagerfeuer empfängt sie am Rand eines Dorfes, hier hören sie die Geschichte von der Verleugnung des Petrus. Lange schauen sie in die Flammen, dann ergeben sich spontan Gespräche. Die letzte Wegstrecke beten sie den Kreuzweg. Einer geht voran und trägt das mit einer Dornenkrone geschmückte Kreuz. Sieben Stationen Jesu werden hier ins Gespräch gebracht mit sieben Leidenserfahrungen von Männern heute. Am Ziel angekommen spüren alle große Müdigkeit, aber es ist ihnen etwas gelungen, was selbst die Jünger nicht geschafft haben: Sie sind nicht eingeschlafen und haben mit ihrem Herrn diese Nacht durchwacht. Und darauf sind sie auch ein wenig stolz.

Dass es gut wäre, auf dem spirituellen Weg einen Mentor bzw. Coach an der Seite zu haben, der sie begleitet, berät und unterstützt, wird einigen zunehmend deutlich. Heute gibt es verschiedene Möglichkeiten, eine solche Begleitung zu finden.

Auf dem Berg Athos

Bei einem Besuch auf dem heiligen Berg Athos in Griechenland, jener Mönchsrepublik der griechisch-orthodoxen Christenheit, zu der bis heute nur männliche Wesen Zutritt haben, konnte ich beobachten, dass viele Pilger unter den dort lebenden Mönchen ihren geistlichen Begleiter haben. Es sind Männer aller Altersgruppen, die in der Regel einmal im Jahr für fünf Tage die Halbinsel als Pilger besuchen, um in verschiedenen Klöstern einzukehren, die heilige Liturgie mitzufeiern und mit ihrem geistlichen Begleiter ein eingehendes Gespräch zu führen. Dabei geht es, so erfährt man, meist um ganz praktische Fragen des Alltags, aber auch um geistliche Begleitung in schwierigen Lebens- und Glaubensfragen. Die meisten legen eine umfassende Beichte ab und fühlen sich hinterher deutlich erleichtert.

Die Mönche, die in den Klöstern des Athos, manche aber auch als Eremiten in Einsiedeleien leben, sind begehrte Gesprächspartner. Von einigen wird berichtet, dass sie die seltene Gabe der Seelenschau haben. Den meisten ist in der radikalen Spiritualität des monastischen Lebens eine Weisheit zuteil geworden, die sie befähigt, auch Fragen bezüglich Ehe und Familie mit den Männern zu besprechen. Vor allem sind sie als geistliche Begleiter gefragt, die, wie die antiken Mystagogen in der Wüste, Männer in die Geheimnisse des Lebens und Glaubens einführen, in ihren Krisen begleiten und auch wieder herausführen können.

Vision Quest

Eine andere Art und Weise, »in die Wüste zu gehen«, um dort spirituelle Orientierung und Kraft zu finden, ist die aus der indianischen Kultur kommende, heute sehr therapeutisch orientierte *Vision Quest* (Visionssuche), wie sie in den Vereinigten Staaten entwickelt wurde. Dies ist kein männerspezifisches Angebot, aber es werden auch *Quests* ausschließlich für Männer angeboten. Unter den Teilnehmern finden sich dann vor allem Männer, die sich in einer Übergangssituation bzw. Krise befinden (berufliche Veränderungen, Trennungen, Krankheit, Lebensmitte usw.) und nach einer Neuorientierung suchen. Unter Anleitung eines erfahrenen Mentors versuchen die Teilnehmer in der ersten Phase in Einzel- und Gruppengesprächen ihre eigene Fragestellung, mit der sie fastend für ein bis drei Tage in die Wildnis gehen werden, zu präzisieren. Dann werden sie mit einem Zuspruch, der auch als Segen zu verstehen ist, ausgesandt:

»Heilig ist die Zeit, die vor dir liegt.
Heilig, heilig ist alles, was dir widerfahren wird.
Mögest du das Alleinsein genießen,
an deinem heiligen Platz in der Wildnis unter dem fernen Sternenhimmel,
im warmen Sonnenschein, in Regen und Wind.
Möge die Schöpfung dich reich beschenken mit Einsicht und Erkenntnis,
mit Geborgenheit, mit Einswerden und Getrenntsein,
durch Wandlung und Verwandlung.
Möge Gott der Schöpfer dich in Liebe auf deinem Weg begleiten!«

Volker Karl Lindenberg

Ausgerüstet mit Plane, Schlafsack und Wasserkanister suchen sie sich einen einsamen Ort im Wald, den sie während der verabredeten Zeit nicht verlassen. Der Aufenthalt an diesem einsamen Ort wird für viele zu einer Offenbarung ihres Zustandes, wenn innere Unruhe und manchmal auch Angst in ihnen aufsteigen. Doch viele machen auch die Erfahrung, dass sich in dieser »Wüste« der Stille und Einsamkeit Klärungen vollziehen und Einsichten gewonnen werden, die als sehr kostbar und wegweisend erlebt werden.

Ein Teilnehmer berichtet, wie er, am einsamen Ort angekommen, sich einrichtet, indem er sich einen Steinkreis baut, den er in der vorgegebenen Zeit möglichst nicht verlassen wird. Fasten, Morgen- und Abendrituale, aber auch detaillierte Beobachtungen seines Umfeldes füllen nun seine Zeit aus. Er befragt Gott nach Rat, schenkt seinen mitgebrachten Kraftgegenständen Aufmerksamkeit, beobachtet Vögel, Schmetterlinge und Insekten und schreibt Tagebuch. Manchmal hat er das Gefühl, dass die umherliegenden Steine ihn ansehen. Am Ende der Zeit ahnt er, dass er jede Menge Antworten erhalten hat, die ihm in seinem weiteren Leben von großer Nützlichkeit sein können. Im späteren Gespräch mit seinem Mentor wird ihm bewusst, dass er in dieser Zeit in der Einsamkeit hart gearbeitet hat, und so fühlt er sich wie nach einem erschöpfenden Arbeitstag, an dem er etwas wirklich Gutes geschaffen hat.

Ein anderer erzählt, wie er zunächst den ganzen Vormittag benötigte, um die Flut der Gedanken und Gefühle ein wenig zur Ruhe zu bringen. Dabei hilft ihm, dass er an einem Stück Holz schnitzt. Was er in diesen Stunden wirklich erlebt hat, mag er nicht erzählen, denn das sei doch zu persönlich: »Es ist mir auch nicht wirklich möglich, mit Worten zu beschreiben, was dann in mein Bewusstsein drang. Vielleicht kann ich es andeuten, wenn ich es so sage: In der Liebesmystik des Johannes vom Kreuz ist meine Erfahrung in schöner Sprache verdichtet« (a. a. O., S. 10).

Die zur verabredeten Zeit zurückkehrenden »Einsiedler« berichten dann wiederum in Einzel- und Gruppengesprächen von ihren Erfahrungen. Ihre Mentoren helfen ihnen, die Erfahrungen zu deuten und zu verarbeiten.

Volker-Karl Lindenberg, ein erfahrener Mentor der männlichen Visionssuche, erklärt, dass sich das Erlebte oft nur schwer in Worten wiedergeben lässt. Die Teilnehmer berichten manchmal von starken seelischen Bewegungen oder emotionalen Erschütterungen in einer mythischen Sprache, die der Sprache der alten Mystiker gleichkommt: »Einige Bilder, die die Männer benutzen, erinnern stark an biblische Geschichten, wie z. B. die im Abendrot erglühende Kiefer an den Dornbusch, der brennt/nicht brennt.« Manche Teilnehmer sprechen in solchen Zusammenhängen von der Nähe Gottes, die sie in solchen Momenten erleben. Heilsam sei diese Zeit für die meisten Männer allein schon dadurch, »dass sie weitgehend unbehaust und in direktem Kontakt zu Felsen, Moosen, Bäumen und Tieren leben. Allein dies führt in eine tiefe erholsame Entspannung« (a. a. O., S. 13).

Die eigentliche Lehrmeisterin und Mentorin bei einer Visionssuche ist allerdings die Schöpfung selbst. Sie spiegelt eigene Erfahrungen, zeigt manchmal unerbittlich und gnadenlos die Folgen eigenen Handelns auf, indem sie die Tun-Ergehens-Zusammenhänge deutlich werden lässt. In ihrer Schönheit stärkt sie aber auch das Herz, ermutigt und lässt Verzagte wieder hoffen. Sie ist gleichnisfähig für Gott, den größeren Horizont, und zugleich Urgrund des Lebens. Ein Teilnehmer erzählt: »Ich habe Gott immer als fern und stumm erlebt. Doch jetzt redet ein Baum mit mir über Verletzungen und Wunden, über das Bleiben und Nicht-Aufgeben. Das erste Mal in meinem Leben redet Gott mit mir: durch seine Schöpfung« (a. a. O., S. 13).

Von der Schöpfung als Lehrmeisterin redete bereits Bernhard von Clairvaux, Abt und Mystiker, der von 1090 bis 1153 lebte. Er schreibt: »Glaub mir, denn ich habe es erfahren, du wirst mehr in den Wäldern finden als in den Büchern; Bäume und Steine werden dich lehren, was du von keinem Lehrmeister hörst.«

Wer aber keine Gelegenheit hat, an einer *Vision Quest* teilzunehmen, dem kann vielleicht die Einsamkeit und Stille eines Klosters für ein paar Tage zum Refugium werden, wo er im Schweigen und Gespräch mit einem geistlichen Begleiter Erfahrungen des *secum esse*, des »Bei-sich-selbst-Seins« und vielleicht auch »Bei-Gott-Seins« machen kann, um Hilfe und Orientierung auf seinem spirituellen Weg zu finden.

Bei den vielfältigen spirituellen Suchbewegungen unserer Tage innerhalb und außerhalb der Kirche gibt es zwei interessante Trends und Veränderungen, auf die in diesem Zusammenhang hinzuweisen ist. Der eine lässt sich mit dem Motto: »Von Wellness zur Selfness« andeuten. Suchende Menschen sind zunehmend bereit, an ihrer spirituellen Entwicklung zu arbeiten. Freilich gibt es bei vielen gestressten Zeitgenossen die Sehnsucht, aus dem Alltagsgetriebe für einige Zeit auszusteigen, um sich etwas Gutes, Erholsames zu gönnen. In vielen kirchlichen Veranstaltungen, auch auf dem esoterischen Markt oder im Gesundheitsbereich, reagiert man darauf mit Wellnessangeboten, bei denen man sich einfach verwöhnen lassen kann. Hier bleibt der Teilnehmer bzw. die Teilnehmerin meistens in einer rezeptiven Haltung und genießt das Angebot. Daneben und darüber hinaus ist eine zunehmende Bereitschaft zu konkreter Arbeit an der eigenen spirituellen Entwicklung zu beobachten. Menschen wollen nicht nur behandelt und betreut, sondern selbst aktiv werden. Sie sind bereit, Mühen auf sich zu nehmen und in konkreten Übungen des Fastens, Meditierens, Pilgerns usw. an der Entwicklung ihrer spirituellen Persönlichkeit zu arbeiten. Dazu suchen sich viele einen Coach, der sie begleitet und auch fordert.

Den anderen Trend könnte man zusammenfassen mit dem Satz: »Von der Couch zum Coach.« Psychotherapie, die für die einen medizinisch absolut notwendig ist, ist für andere zu einer Art Religionsersatz geworden. Doch der Optimismus, mit dem man noch vor einigen Jahrzehnten vor allem tiefenpsychologisch arbeitete, ist einer gewissen Ernüchterung gewichen. Die Couch als Ort der Konfliktlösung oder der spirituellen Suche wird zunehmend durch therapeutisches oder spirituelles Coaching abgelöst. Die Klienten werden von selbst gewählten Coachs aufgefordert und unterstützt, ihre Persönlichkeitspotenziale auszuschöpfen und an sich zu arbeiten.

Geistliche Begleitung

In den christlichen Kirchen in Deutschland hat sich in den letzten Jahren das Angebot einer sogenannten geistlichen Begleitung als eine besondere Form der Seelsorge etabliert. In einer Zeit, die zunehmend von Unübersichtlichkeit und Schnelllebigkeit geprägt ist, wächst das Bedürfnis nach spiritueller Orientierung. In der geistlichen Begleitung bieten erfahrene Seelsorger und Seelsorgerinnen Unterstützung an, bei der es »nicht nur um die Lösung für ein aktuelles Problem geht, sondern um eine auf Kontinuität angelegte Hilfe zur Selbstfindung in Glaubensfragen« (Dorothea Greiner [Hrsg.], Wenn die Seele zu atmen beginnt, S. 5). Dabei werden Menschen in ihrem Lebensgespräch mit Gott und auch auf ihrem Übungsweg im Glauben begleitet und gefördert.

Bei den Angeboten von Einkehrzeiten, Exerzitien, Meditationskursen usw. werden Menschen eingeladen, für eine bestimmte Zeit aus ihrem Alltag herauszutreten, um sich an einem besonderen Ort (Kloster, Haus der Stille usw.) »der Welt fremd zu machen« und in Stille und Sammlung auf das zu hören, was ihrem Leben wieder Kraft, Orientierung und Tiefe geben kann. Oft sind es biblische Texte und Impulse, mit denen die Teilnehmenden in die Stille geschickt werden. Wenn es nicht gerade Einzelexerzitien sind, bei denen eine persönliche Begleitung selbstverständlich ist, wird bei Einkehrzeiten und stillen Tagen für Gruppen geistliche Begleitung in Einzelgesprächen bewusst angeboten, um den Teilnehmenden die Möglichkeit zu geben, Krisen, Existenz- und Glaubensfragen mit einem erfahrenen Seelsorger zu besprechen. Was in einem geistlichen Impuls für eine Gruppe naturgemäß allgemein gehalten ist, kann in der geistlichen Begleitung persönlich angesprochen und vertieft werden.

Oftmals bitten einige Teilnehmenden am Ende einer Schweige- oder Meditationszeit um Fortsetzung der geistlichen Begleitung im Alltag. Dann kann es zu Verabredungen regelmäßiger Treffen im Abstand von vier bis sechs Wochen kommen, bei denen das angestoßene neue Lebensgespräch mit Gott im Alltag fortgesetzt und die eigene geistliche Entwicklung durch einen erfahrenen Seelsorger bzw. eine erfahrene Seelsorgerin weiter geistlich begleitet wird.

In der Begleitung wird die Rolle des geistlichen Begleiters unterschiedlich erlebt. Manche sehen in ihm einen Weggefährten, der wie ein Bergführer den eigenen Weg begleitet, dem man Vertrauen entgegenbringen kann, weil er die Gegend kennt und den Weg schon mehrfach gegangen ist. Andere sehen in einer geistlichen Begleiterin eher eine Mentorin, die wie beim Studium oder bei der Erstellung einer Diplomarbeit die Klippen kennt, an denen man scheitern kann. Ein Mentor kann helfen, zu lange Umwege zu vermeiden, nicht in Sackgassen stecken zu bleiben oder der Neigung zu erliegen, ganz aufzugeben.

Wie findet Mann seinen geistlichen Begleiter? Da es ein geistgewirktes Geschehen ist, kann und darf es nicht kirchlich organisiert und verwaltet werden. In der griechisch-philosophischen Tradition galt der Grundsatz: Der Schüler findet seinen Meister, der Meister lässt sich finden. Das gilt auch für das Zustandekommen eines Kontakts zwischen dem zu Begleitenden und dem Begleiter.

Jeder Mann braucht für seinen spirituellen Weg einen geistlichen Begleiter. Denn Spiritualität kann man nicht mit den gängigen Methoden der Erwachsenenbildung erlernen, die heute vor allem das Lernen in Modulen propagiert und organisiert. Spiritualität lernt man durch personale Vermittlung und Begleitung durch einen Mentor. Jesus hat seine Jünger eingeladen, mit ihm durchs Land zu ziehen, sein Leben zu teilen und von ihm zu lernen, dem himmlischen Vater zu vertrauen. Dabei konnten sie wichtige spirituelle Erfahrungen machen, die sie befähigten, ein spiritueller Mensch zu werden und die frohe Botschaft vom Reich Gottes weiterzusagen. Alles, was sie lernten, haben sie von ihm gelernt.

Diese Erfahrung spiegelt sich auch in der Christophoruslegende: Nach langer Suche findet er endlich in dem Einsiedler seinen Mentor, der ihm hilft, auf seiner Suche nach dem Größeren Christus zu finden. Der weist ihn auf einen für ihn schwierigen Weg: »Der König, dem du dienen willst, begehrt, dass du viel fastest.« Eine Herausforderung für einen Hünen von zwölf Ellen, der, wie viele Männer vermutlich Angst vor dem Fasten hat, weil er befürchtet, dabei Lebenskraft einzubüßen und die Kontrolle über sich zu verlieren. »Er fordere von mir ein ander Ding, denn dies vermag ich nicht zu tun«, gibt Christophorus zur Antwort. Fasten ist nicht sein Ding.

Die Reaktion des Einsiedlers auf diese Verweigerung ist beachtlich. Eigentlich, so könnte man meinen, wäre es doch die Aufgabe des Mentors, auf den Widerstand des Klienten verständnisvoll einzugehen, ihn aber von der Wichtigkeit der vorgeschlagenen spirituellen Übung zu überzeugen. Doch der Einsiedler lässt von diesem Ansinnen ab und setzt mit etwas ganz anderem an: »So ist es not, dass du viel betest!« Auch diesen Weg lehnt Christophorus ab: »Ich weiß nicht, was das ist, und kann ihm darin nicht folgen.« So mancher Seelsorger wäre jetzt mit seinem Latein am Ende. Wie soll man jemanden spirituell begleiten, der sich als völliger religiöser Analphabet outet und den vorgeschlagenen Weg des Gebets ablehnt? Beten ist doch schließlich das Herzstück des Glaubens! Der Glaube lebt aus dem Gebet und atmet im Gebet. Es ist seine Nahrung und seine Kraft. Wie soll man weiterkommen, wenn jemand diesen Weg nicht nur ablehnt, weil er ihn nicht beschreiten will, sondern sich auch so brüsk und ahnungslos dieser Möglichkeit verschließt? Christophorus sieht nur einen leeren Raum, der Einsiedler erkennt eine abgrundtiefe Kluft.

An dieser Stelle wird die Tiefe der Weisheit des Einsiedlers deutlich. Er zögert nicht einen Moment, von diesen aussichtslosen Versuchen abzulassen. Er wirft das Steuer seiner Führung um 180 Grad herum, und ohne dass er von dem Ziel, seinen Klienten zur vollen Glaubenserfahrung zu führen, ablässt, wagt er es, den Riesen mit dem knabenhaften Geist auf eine Aufgabe hinzuweisen, die diesem auf den Leib geschnitten ist und seiner äußeren Körperkraft entspricht. »Du bist ja groß und stark. Setze dich an den Fluss und trage die Menschen hinüber. So wirst du Christo, dem König, gar sehr angenehm sein, dem du zu dienen begehrst, und ich hoffe, dass er sich dir daselbst wird offenbaren.« Den, der in spirituellen Dingen noch so unerfahren und unbeholfen ist, nimmt er mit seinen äußeren Kräften in die Schule des Glaubensweges, darauf vertrauend, dass an dem äußeren Dienst die innere Erfahrung wachsen wird.

In der Nähe der einsamen Hütte, in der der Weise wohnt, fließt der reißende Strom, den wir aus den Christophorusbildern kennen. Er hat eine Furt, an der man ihn überqueren kann, jedoch lauern Gefahren in diesem einzigen Übergang. Der Strom ist gefürchtet, denn viele haben seine Strudel das Leben gekostet. Der Riese fühlt sich von dieser Aufgabe spontan angezogen. Sie gibt ihm die Möglichkeit, seine ruhenden Kräfte, die bisher noch nicht beansprucht worden sind und beim umherwandernden Suchen brachgelegen haben, einzusetzen. Christophorus, der die Wendung nach innen im aufgetragenen Fasten und Beten noch nicht zu vollziehen vermochte, darf nun im äußeren Dienst am Strom einen Weg einschlagen, der ihm das Innen mit der Erfahrung des Glaubens, mit der Begegnung mit Christus eröffnen soll. Und weil der Einsiedler nichts fordert, was Christophorus, so wie er ist, nicht zu erfüllen vermag, stimmt er freudig zu: »Das vermag ich wohl und will ihm hierin dienen.«

Christophorus wird nun an den Strom gehen, und er wird nur einfach die Menschen hinübertragen wollen. Aber weil seine Seele nun ständig von der Erwartung bewegt sein wird, Christus zu finden, von dem er noch nichts weiß und den er noch nicht zu erkennen und zu fassen vermag, wird sich seine Seele öffnen und nach innen horchen.

Einen Mentor finden – einige praktische Überlegungen

Der Weg des Christophorus vom kindlich-naiv suchenden hin zum reifen spirituellen Mann ist ein Initiationsweg. In vielen sogenannten primitiven Kulturen werden Passageriten praktiziert, die den Übergang vom Kind zum Mannsein markieren und durch intensives Erleben bewusst machen. Richard Rohr zeigt in seinem Buch »Endlich Mann werden. Die Wiederentdeckung der Initiation« (2005), dass viele Männer der sogenannten modernen westlichen Gesellschaften eine Initiation ins Mannsein nie erfahren haben. Er entwickelt einen durch Rituale begleiteten Übungs- und Erfahrungsweg, in dem in der Kindheit verpasste Initiationen im Rahmen von Männerseminaren nachgeholt werden können, und zeigt, wie Männer so ihre Rolle als Partner, Vater und als Mitglied in der Gesellschaft finden können. Das mag ein durchaus sinnvoller und praktikabler Weg sein.

Es darf dabei jedoch nicht übersehen werden, dass das alltägliche Leben der beste Lehrmeister ist und dass die Initiation ins Mannsein oft in den alltäglichen Erfahrungen geschieht bzw. eingeübt werden muss. Sensibilität, Großzügigkeit und die Fähigkeit, mit eigenen Schwächen umzugehen, lernen die meisten Männer – wenn überhaupt – nur schmerzhaft durch die eigenen Niederlagen im Leben. Sich der eigenen Endlichkeit bewusst zu werden, das Dilemma zwischen Allmachtsfantasien und Ohnmachtsgefühlen zu überwinden, das können Männer am besten im Alltag lernen. Um in diesen Erfahrungen und Lernprozessen nicht stecken zu bleiben oder gar zu verzweifeln, braucht es einen Mentor, Coach oder geistlichen Begleiter. Alle drei Bezeichnungen stehen für die gleiche Aufgabe, die jedoch je nach Situation oder Persönlichkeit anders akzentuiert sein kann.

Wie die bereits angeführten Beispiele aus der Tradition zeigen, ist der Mentor bzw. geistliche Begleiter (Wüstenvater, Eremit, weise Mann usw.) ein unter Umständen von leidvollem Leben bereits gezeichneter und initiierter Mann, der mit Weisheit und Menschenkenntnis zuhören, aber auch mit Symbolen und Ritualen umgehen kann. Obwohl er selbst lebenslang ein Suchender bleibt, hat er dennoch nicht initiierten Männern einige Kenntnisse und Erfahrungen voraus und kennt sich in der Rolle des Mannes und im Raum des Spirituellen ein wenig aus. Eigene Leid- und Grenzerfahrungen haben ihn dazu befähigt, die richtigen Fragen zu stellen, Impulse oder konkrete Hilfestellungen zu geben, die dem anderen helfen, seinen eigenen Weg zu finden.

Wie findet Mann nun seinen Mentor und wie kann sich der Prozess der Begleitung konkret darstellen? Hier einige praktische Tipps:

- Folge bei der Suche nach einem geistlichen Begleiter deiner eigenen Wahrnehmung und vertraue auf deine Intuition. Wo ist dir in letzter Zeit ein Mann begegnet, der eine männliche und spirituelle Ausstrahlungskraft (Aura) besitzt, der dich neugierig macht und anzieht? Schau nicht nur auf berufliche und formale Qualifikationen, die können zwar wichtig sein, werden aber heute im Beratungs- und Begleitungsbetrieb oft überbewertet. Zum geistlichen Begleiter wird man nicht allein durch zertifizierte Ausbildung, sondern dadurch, dass ein anderer einen um diesen Dienst bittet. Es gibt immer wieder ausgebildete geistliche Begleiter, zu denen kein Klient geht. Andererseits gibt es Menschen ohne zertifizierte Ausbildung, die der großen Nachfrage nach geistlicher Begleitung kaum nachkommen können. »Schüler« und »Lehrer« finden sich in einem Prozess, in dem sich der Schüler seinen Lehrer wählt.

- Habe den Mut, diesen Mann um geistliche Begleitung zu bitten. Der so Angefragte wird, wenn er kein Profi in diesem Geschäft ist, von dieser Bitte vielleicht überrascht sein. Versuche deine Wünsche und Erwartungen an geistliche Begleitung möglichst konkret zu beschreiben.

- In einem ersten klärenden Gespräch können die eigenen Vorstellungen und Erwartungen (zeitliche Abstände der Treffen, Inhalte und Methoden, Honorar, mögliche erste Schritte usw.) geklärt werden.

- Da im Begleitungsprozess der erlebte Alltag mit seinen Höhen und Tiefen als Lehrmeister wichtig ist, könnten Alltagserfahrungen – und seien sie noch so banal – immer der Ausgangspunkt des Gesprächs sein, in dem es dann darum geht, die verborgenen Spuren der göttlichen Führung und die Botschaften und Aufgaben, die darin enthalten sind, mithilfe des Begleiters zu entdecken.

- Wer geistliche Begleitung über einen gewissen Zeitraum hin empfangen hat und selbst auf die Spur eines geistlichen Lebens gesetzt wurde, sollte damit rechnen und dafür offen sein, dass er selbst irgendwann einmal um geistliche Begleitung gebeten wird.

4. Sich einer Aufgabe stellen

»Also ging er zu dem Fluss und baute sich an dem Ufer eine Hütte. Er nahm eine große Stange in seine Hand statt eines Stabes, darauf stützte er sich im Wasser und trug die Menschen alle hinüber ohne Unterlass.«

Christophorus stellt sich der ihm vom Einsiedler zugewiesenen Aufgabe. Er baut sich eine Hütte am Fluss und wird so vorübergehend sesshaft. Sein Werkzeug, das seiner Aufgabe und Körpergröße entspricht, ist ein langer Stab, auf den er sich stützen kann, wenn er Menschen über den Fluss trägt. Und dies tut er nun in großer Treue und Zuverlässigkeit tagaus, tagein. Er hat eine Aufgabe gefunden, die seinen körperlichen Möglichkeiten entspricht, die ihn täglich fordert, aber auch nicht überfordert, der er sich ganz hingibt.

Sein Dienst ist – theologisch gedeutet – Gottesdienst im Alltag der Welt. Er besteht nicht im Beten und Fasten, sondern in der Alltagsarbeit eines Fährmanns. Schon der Apostel Paulus hat das alltägliche Leben und Arbeiten als Gottesdienst verstanden, wenn er in seinem Brief an die Römer schreibt: »Ich ermahne euch nun, liebe Brüder, durch die Barmherzigkeit Gottes, dass ihr eure Leiber hingebt als Opfer, das lebendig, heilig und Gott wohlgefällig ist. Das sei euer vernünftiger Gottesdienst« (Römer 12,1). Gottesdienst – so die Vorstellung – ist nicht beschränkt auf einen sakralen liturgischen Akt zu einer festgelegten Zeit, sondern das ganze Leben und Arbeiten in seinen profanen Verrichtungen, seien sie noch so banal oder geistig anspruchsvoll, ist Gottesdienst, das heißt Dienst am Heiligen. Auch Martin Luther hat die alltägliche Arbeit im Alltag der Welt in seiner Theologie aufgewertet, indem er sie als Gottesdienst bezeichnet und auf eine Ebene hebt mit geistlicher Arbeit wie dem Gebet. So ist nach Luther zum Beispiel der Dienst eines Vaters, der sein Kind wickelt (!), zugleich Gottesdienst und Gebet. Entscheidend ist, dass man seiner göttlichen Berufung folgt und sich im Alltag der Welt den zugewiesenen oder gewählten Aufgaben stellt und sie treu und gewissenhaft ausführt. Dabei ist die Arbeit der Muskeln genauso wertvoll wie der Dienst am Altar.

Diese Hingabe an eine Aufgabe, die im konkreten Dienst für Menschen besteht, ist das von Paulus genannte Opfer. Der Christ opfert nicht, wie in anderen Religionen üblich, Tiere oder Dinge, sondern gibt sich in der Nachfolge Christi – viel radikaler – selbst zum Opfer hin. Opfer in diesem Sinn erhalten den Fluss des Lebens, sofern sie in einen Gabentausch eingebunden sind, in dem jeder gibt und nimmt.

Das lateinische Wort für Opfer ist *sacrificium*. Es kommt vom Verb *sacrum facere*, was wörtlich übersetzt heiligen oder heiligmachen heißt. Opfern besteht also in der Fähigkeit, einen Einsatz zu bringen, etwas von der eigenen Zeit, Kraft und Liebe bzw. sich selbst hinzugeben. Opfern geschieht in alltäglichen Vollzügen, in praktischen Verrichtungen im Dienst am Nächsten und ist zugleich etwas Heiliges, das in Selbstlosigkeit und ohne Erwartungen und Eigeninteresse geschieht. Opfern muss nicht wehtun, man muss sich dabei nichts abzwingen, opfern im Sinne von hergeben kann Freude bereiten und zu tiefer Befriedigung führen. Es gibt dem Leben einen tieferen Sinn.

Christophorus' Fährmannsarbeit ist ein Opfer, das heißt eine Gabe, die er Menschen zur Verfügung stellt, die den Fluss überqueren wollen. Diese wiederum werden – auch wenn es in der Legende nicht erwähnt wird – ihn für seinen Dienst entlohnt haben, sodass er davon seinen Lebensunterhalt bestreiten konnte. Sein Dienst ist Berufung und Opfer zugleich. Er folgt der Berufung durch den Einsiedler und stellt sich der ihm zugewiesenen Aufgabe. Darin hofft er nun Christus zu finden, den er so sehnsüchtig sucht.

Der Weg des Christophorus vom Verworfenen zum Christusträger wird in der Legende im Genre eines »Heldenwegs« beschrieben. Allerdings hat dieser Heldenweg sehr menschliche Züge: Er enthält Niederlagen, Versagen, Umwege, peinliche Situationen, aber auch Erfolge. Durch alle Gefahren und Abgründe hindurch bleibt er sich und seiner Suche nach dem Größeren treu und verliert sein Ziel nicht aus den Augen. Ja, er ist bereit, Opfer zu bringen, um an sein Ziel zu gelangen.

Jeder Mann muss seinen individuellen Heldenweg gehen. Dabei sucht er bewusst oder unbewusst nach Vorbildern.

Helden lassen sich heute vor allem in Actionstreifen oder mythischen Filmgestalten finden, selten jedoch in Filmen, die im aktuellen gesellschaftlichen Alltag spielen. Hier begegnen einem oft Anti-Helden. Diese machen ständig Unsinn, sind als Männer nicht wirklich ernst zu nehmen und werden nicht selten als Hampelmänner von Frauen und Kindern vorgeführt. Männer haben in diesen Rollen Autorität und Respekt verloren. Nicht einmal Filmemacher scheinen daran zu glauben, dass es noch Männer gibt, die sich heldenhaft einsetzen und Opfer bringen für etwas, das über ihre Eigeninteressen hinausgeht. Doch Männer sind durchaus bereit, Opfer zu bringen für Ziele und Aufgaben, die sich lohnen und die Sinn ergeben.

Die Last des anderen tragen

Für Händler, Krieger, Pilger oder andere Reisende in der Antike und im Mittelalter war die Überquerung eines Flusses ein risikoreiches Unterfangen, bei dem viele ihr Leben ließen. Nur selten standen Brücken zur Verfügung, oft wählte man eine Furt, um an das andere Ufer zu gelangen. Hier lauerten mancherlei Gefahren in Gestalt von Untiefen und reißenden Wassern. Und da die wenigsten schwimmen konnten, genügte es schon, im Fluss den Boden unter den Füßen zu verlieren, um jämmerlich zu ertrinken. Zudem fürchtete man im Wasser sogenannte Flussdämonen, die einen unbarmherzig in die Tiefe reißen konnten. So gab es an vielen Flussübergängen Kapellen und Andachtsorte, die zum Beispiel dem heiligen Nepomuk oder eben dem heiligen Christophorus geweiht waren. Am Abend vor der Flussüberquerung konnte man hier diese Heiligen um Schutz und Beistand anrufen, um dann am nächsten Morgen behütet und ungefährdet den Fluss zu überqueren. Fährmänner, die wie Christophorus die Menschen auf ihrem Rücken oder mit einem Kahn ans andere Ufer brachten, boten an den Furten einen lebenswichtigen und unverzichtbaren Dienst an, den man gern in Anspruch nahm.

Christophorus wird dieser Dienst am Fluss nicht langweilig. Das Wasser ist lebendig, und im alltäglichen Ringen mit der strömenden Kraft kann er viel erleben. Er wird dabei manches Mal die Möglichkeiten, aber auch die Grenzen seiner Kraft erfahren haben.

Christophorus erlebt den Fluss in Zeiten, da er sanft und träge dahinfließt, bald aber auch wild dahinstürmt und dann seine riesigen Kräfte bis zum Letzten fordert. Er erfährt das strömende Wasser als das freundliche Element, mit dem man vertraut werden kann, aber auch als das drohende, das unheimlich und äußerst gefährdend die Kräfte der Menschen angreift und sie überwältigen will. Je länger er diesen Dienst tut, umso mehr ahnt und erlebt er auch die drohenden Gefahren, die manchen zum Schicksal werden, wenn die reißenden Kräfte des Wassers die Menschen in der Furt umreißen und in die erbarmungslose Tiefe weitertreiben, in der sie vergebens um ihr Leben ringen, bis sie verzagt oder verzweifelt sinken.

Nicht nur der Fluss ist lebendig, sondern auch die Menschen, Arme und Reiche, Männer und Frauen, Kräftige und Schwache, Greise und Kinder, die er hinüberträgt. Er erfährt dabei von ihren unterschiedlichen Schicksalen, die ihm sicher oft nachgegangen sind, wenn er nachts in seiner Hütte ruhte.

Das alles wird in der Legende nicht erzählt, aber es gehört nicht viel Fantasie dazu, sich dies alles als drohende Gefahren am Fluss und lebendige Begegnungen vorzustellen. So gesehen trägt Christophorus im wörtlichen wie im übertragenen Sinn die Lasten seiner Mitmenschen auf seinen Schultern. Er stellt sich dieser Aufgabe ohne zu murren und erledigt sie so, dass er zum ersten Mal eine gewisse Zufriedenheit findet: Er ist mit sich und seiner Aufgabe im Reinen.

Die Last des anderen zu tragen, ist in unserer heutigen überalterten Gesellschaft ebenfalls etwas, das sich im wörtlichen wie im übertragenen Sinn verstehen lässt. Die Pflege alter und kranker Menschen wird immer mehr zu einer zentralen gesellschaftlichen Herausforderung – auch für Männer. Besonders in der häuslichen Pflege werden sich die Belastungen zukünftig deutlich erhöhen. Durch das veränderte Rollenverständnis von Männern und Frauen wird die Beteiligung von Männern in Zukunft hier immer mehr angefragt und notwendig werden. Männer können sich ihren sozialen und gesellschaftlichen Verpflichtungen in der Pflege nicht mehr entziehen.

»Männer sind deutlich aktiver an der Pflege beteiligt, als allgemein angenommen und immer wieder behauptet wird«, stellt ein Zwölf-Punkte-Programm der Evangelischen Männerarbeit in Deutschland zum Thema »Männer und Pflege« fest (www.maennerarbeit-ekd.de/html/pflege.html).

Das hohe Pflegeengagement älterer Männer ist bereits eine Tatsache, die als Vorbild für andere bekannt und sichtbar gemacht werden muss. Allerdings sind jüngere Männer selten bereit, Pflegeaufgaben zu übernehmen, und nur selten willens, ihre Erwerbsarbeit zur Übernahme von Pflegeaufgaben zu reduzieren. In dieser Studie wird zudem festgestellt, dass Männer anders pflegen als Frauen. »Für Männer ist Pflege bisher vor allem ein Beziehungsgeschehen: Sie verbinden damit weniger eine soziale Verpflichtung« (a. a. O.). Wenn Männer ihre Partnerin pflegen, wollen sie etwas von dem zurückgeben, was sie als Zuwendung und Unterstützung im bisherigen gemeinsamen Leben von ihr erhalten haben. Neben der Aufforderung zu mehr persönlichem Engagement enthält das Programm aber vor allem politische Forderungen nach angemessenen Rahmenbedingungen, die die Vereinbarkeit von Erwerbstätigkeit von Frauen und Männern und häuslicher Pflege ermöglichen. Darüber hinaus wäre eine deutliche Erhöhung des Anteils der Männer in Pflegeberufen wünschenswert. Außerdem sei ein allgemeiner Bewusstseinswandel vonnöten, denn noch immer wird in Deutschland die Produktion von Gütern besser honoriert und höher bewertet als die Erziehung von Kindern oder die Pflege Kranker und Alter.

Dass das Thema Pflege für Männer kein Tabu mehr sein muss und auf diesem Gebiet sogar neue »Heldengeschichten« entstehen können, zeigt der ungemein sympathische und erfolgreiche, auf wahren Begebenheiten beruhende Film »Ziemlich beste Freunde« von Eric Toledando und Oliver Nakache aus dem Jahr 2012. Mit Witz, Charme, perfektem Timing und überschäumender Lebensfreude wird die Geschichte zweier sehr ungleicher Männer erzählt, die sich normalerweise nie begegnet wären. Philippe (François Cluzet) führt das perfekte Leben: Er ist reich, adlig, gebildet und von einem Heer von Hausangestellten umgeben. Aber ohne Hilfe geht bei ihm nichts, denn er ist vom Hals abwärts gelähmt und sucht gerade einen neuen Pfleger. Da taucht Driss (Omar Sy) auf – ein junger Schwarzer, der gerade aus dem Gefängnis entlassen wurde. Für den Job als Pfleger scheint er auf den ersten Blick überhaupt nicht geeignet zu sein. Doch Philippe fühlt sich von dessen unbekümmerter, frecher Art angezogen und wird neugierig auf ihn. Spontan engagiert er Driss und gibt ihm einen Monat Zeit, sich zu bewähren. Es ist der Beginn einer verrückten und wunderbaren Männerfreundschaft, die Philippe und Driss für immer verändern wird.

In der Christophoruslegende symbolisiert nun der Fluss die Situation und der Fährmann die Aufgabe und Rolle, die Männer auf ihrem spirituellen Weg bewältigen müssen.

Der Fluss als Symbol

Der Fluss ist ein Symbol für ganz unterschiedliche Erfahrungen. Als fließendes Gewässer steht er in enger Verbindung mit der Symbolik des Wassers. Einerseits schenkt er der Erde und dem Land Fruchtbarkeit und Gedeihen, andererseits kann er auch durch Überschwemmungen und Untiefen Leben verschlingen, zerstören und töten. Der Fluss ist unter dem Aspekt des Fließens Symbol für Zeit und Vergänglichkeit, aber auch für ständige Erneuerung. »Man steigt nur einmal in den gleichen Fluss«, heißt es in einem Sprichwort, worin die ständige Veränderung des Lebensflusses wie auch das Verrinnen der Zeit zum Ausdruck kommt.

Der Fluss ist auch ein Symbol der gesellschaftlich dominierenden Meinungen und Gewohnheiten (englisch: *mainstream*), in denen man sich manchmal treiben lässt oder gegen die man zuweilen schwimmen muss, um aufrecht durchs Leben gehen zu können.

In der Mythologie markiert der Fluss manchmal eine von der Gottheit gehütete Grenze, deren Überschreitung mit Todesgefahr verbunden sein kann. In einigen Religionen symbolisiert er die Grenze zwischen dem Diesseits und dem Jenseits. In der griechischen Mythologie rudert der Fährmann Charon die Toten mit seinem Kahn über die drei Grenzflüsse Acheron, Kokytos und Styx bis zum Eingang in das Totenreich.

Tiefenpsychologisch gesehen steht der Fluss für den »Strom des Lebens« und ist auch hier Gleichnis für das Leben an sich. Er verkörpert einerseits als Energiesymbol des strömenden Wassers die Libido, den Fluss der psychischen Energie des Menschen im Sinne C. G. Jungs, andererseits im »Fluss der Zeit« die Vergänglichkeit des Lebens. Flussübergänge oder Überquerungen von einem Ufer zum anderen sind Symbole, die im Traum in typischen Wandlungsphasen wie der Pubertät oder dem Klimakterium erscheinen, sie stehen auch in Verbindung mit der Todessymbolik.

Der Fährmann – eine Symbolfigur

Der Fährmann ist Verbindender und Vermittler zwischen zwei Welten und darin ein klassischer Grenzgänger, der Menschen zum Beispiel von der materiellen Welt in die Welt des Verborgenen und Archetypischen führen kann. Er kennt sich in beiden ein wenig aus, vor allem weiß er die Gefahren, die im Übergang liegen, richtig einzuschätzen und zu meistern. Im Fährmann zeigt sich der Archetyp des alten weisen Mannes, der schon oft diesen Weg zurückgelegt hat und deshalb aus reicher Erfahrung schöpfen kann.

Im Ritual des Übersetzens muss der Fährmann zwei Wege bewältigen: den Hin- und den Rückweg. Einen von beiden muss er immer allein gehen beziehungsweise fahren. Das heißt: Ein Fährmann muss das Alleinsein und die Einsamkeit ertragen können. Der andere Weg fordert seine ganze Aufmerksamkeit und Kraft, damit er seiner Verantwortung für die, die sich seiner Führung und Obhut anbefohlen haben, gerecht werden kann. In der Ausübung seines Handwerks ist er oft gefährdet und muss unter Umständen auch sein Leben riskieren.

Im religiösen und spirituellen Bereich ist der Fährmann ein Bild für den Mystagogen, der Menschen in die Welt des Heiligen einführt, ein Führer und Wegbegleiter auf einer beschwerlichen und gefährlichen Expedition in die Mitte des Lebens. Er vermag die sichtbare und verfügbare Welt auf eine andere Wirklichkeit hin zu transzendieren und dabei andere in die verborgenen und verbotenen

Zonen des Lebens zu führen, sie darin zu begleiten und auch wieder herauszuführen. In dieser verborgenen und manchmal verbotenen Zone kommt man mit den Kräften des Lebens, zum Beispiel der Liebe, dem Hass, der Macht, dem Tod und darin mit dem Heiligen in Kontakt. Hier kann man Gott schauen und Kontakt zum Leben gewinnen oder sich auch in den Abgründen verlieren oder von den Kräften des Todes überwältigt werden. Gut, wenn man da einen Fährmann als Führer und Wegbegleiter bei sich hat, der die Übergänge kennt und hilft, sie zu meistern. Aber letztlich gilt: »Jede Grenzüberschreitung scheitert, wenn sie nicht im Namen und unter dem Schutz des einzigen Grenzgängers Jesus Christus erfolgt« (Manfred Josuttis, Die Einführung in das Leben, S. 49).

Christophorus ist als Fährmann ein Anfänger und noch nicht der alte und weise Mann, der in seinem Dienst am Fluss auf eine längere Erfahrung zurückgreifen kann. Die eigentliche Erfahrung, die ihn für diese Arbeit befähigt, steht ihm noch bevor. Er ist selbst noch ein Suchender. Er ahnt wohl, dass es mehr braucht als Muskelkraft, um Menschen an den Schwellen ihres Lebens zu begleiten und sie durch die Gefahren desselben zu tragen. Umso erstaunlicher ist es, dass ihm vom Einsiedler dieses Handwerk der Seelenführung schon zugetraut wird. Er wird an der täglichen Arbeit und den Erfahrungen, die er dabei macht, wachsen.

Ein großer Teil seines Dienstes besteht im Warten, denn es kommen nicht ständig vom Morgen bis zum Abend Menschen, die über den Fluss getragen werden wollen. Aber auch das Warten ist fruchtbare Zeit. Oft sitzt er vor seiner Hütte und schaut dem träge dahinfließenden Fluss zu, während er seinen Gedanken nachsinnt. Ob es ihm dabei langweilig und er ungeduldig wird, wissen wir nicht. Aber auch diese Zeiten der Ruhe, des Innehaltens und Kräftesammelns bereiten ihn vor für die noch ausstehende entscheidende Begegnung mit Christus, den er hier am Fluss zu treffen hofft.

Sein wesentlicher Dienst, seine Aufgabe, um derentwillen er am Fluss sitzt, besteht im Tragen. Nicht im passiven Ertragen der eigenen Lebensumstände oder der aufdringlichen Wünsche seiner Fährgäste, sondern im Tragen von Menschen, die mit der ganzen Last ihrer Lebensgeschichte ans andere Ufer wollen, ist er befasst. So nimmt er sein eigenes, aber vor allem das Schicksal anderer aktiv in die Hand, indem er sie über den Fluss trägt.

Männer wollen etwas tun

Als Jesus drei seiner Jünger beiseitenimmt und sie auf einen hohen Berg führt, wo er vor ihren Augen in gleißendem Licht verklärt wird und wo auch Mose und Elia erscheinen, macht Petrus den Vorschlag, drei Hütten zu bauen: eine für Mose, eine für Elia und eine für Jesus (Matthäus 17,1–9). Bei dieser einmaligen, atemberaubenden Vision zeigt sich in Petrus der Praktiker und Handwerker, der die Situation durch den Bau von drei Hütten festhalten möchte. So sind Männer nun einmal, sie möchten Spiritualität erden und denken und handeln dabei praktischer als Frauen.

Männer suchen vor allem die Tat. Männliche Energie hat »Biss«, ist offensiv und will gestalten. Darin kommt auch der »wilde Mann« zum Zug. Männliche Energie zieht das Tun dem bloßen Sein vor. Viele Männer haben, ähnlich wie Christophorus, Schwierigkeiten mit den klassischen Übungen der Spiritualität. Fasten und Beten ist nicht immer ihre Sache. Sie wollen lieber zupacken, etwas tun. Erfahrungen von Abhängigkeit und Passivität im Sinn des Geschehenlassens, die konstitutiv zur Religion und Spiritualität gehören, machen manchen Männern Angst. Frauen haben eher gelernt, damit umzugehen. Es fällt ihnen leichter loszulassen, Dinge geschehen zu lassen, sich Gott zu überlassen. So mag das Nicht-aushalten-Können von Passivität eine Schwäche von Männern sein. Andererseits ist ihr Drang zur Tat ihre Stärke.

Im Männertreff meines Heimatorts überlegten wir, was als nächstes Projekt dran sein könnte. Einer aus der Runde machte den Vorschlag, auf der höchsten Erhebung der Umgebung (452 Meter), wo man einen wunderbaren Blick auf unser Dorf und ins Tal der Werra hat, ein Gipfelkreuz zu errichten. Obwohl die Tradition der Gipfelkreuze in unserer Region nicht verbreitet ist, fand der Vorschlag spontan Zustimmung, und schon bald machten sich einige an die Planung. »Ich habe noch ein paar abgelagerte Eichenstämme auf dem Hof liegen, die kann ich zum Sägewerk fahren und zuschneiden lassen«, erklärte einer spontan. Der Schreiner in unserer Runde wollte das Kreuz zusammenbauen und verzapfen. Andere machten sich Gedanken, wie das geplante vier Meter hohe Kreuz so standfest im Waldboden verankert werden könne, dass es Wind und Wetter standhält. Schon bald rückten die »Fundamentalisten« aus, um die Fundamentarbeiten am geplanten Standort durchzuführen. Wenige Tage später wurde das Kreuz aus der Schreinerei abgeholt, vom Frontlader eines großen Schleppers »aufgegabelt« und durch Feld und Wald zum Standort transportiert. Dort warteten mittlerweile sechs Männer, um das Kreuz in die vorbereitete Verankerung zu schieben und aufzurichten, was ihnen ohne technische Unterstützung nur mit reiner Manneskraft gelingen musste und unter großen Mühen schließlich auch gelang. Das Holz reichte noch aus, um daraus zwei Bänke zu zimmern und unter dem Kreuz aufzustellen. Pünktlich zum Abendläuten war es errichtet und waren alle zwischenzeitlichen Schwierigkeiten bewältigt. Am nächsten Tag, dem 3. Oktober, dem Tag der deutschen Einheit, konnte es unter großer Beteiligung der Einwohner der umliegenden Dörfer in einem ökumenischen Gottesdienst vor Ort feierlich eingeweiht werden. Da es unmittelbar an der ehemaligen innerdeutschen Grenze steht, hat es zusätzlich eine hohe symbolische Bedeutung und erinnert an das schwierige Schicksal unseres geteilten Landes, aber auch an die Überwindung von Hass, Feindschaft und Tod.

Der Männertreff bekam viel Lob für diese Aktion. Seitdem »pilgern« regelmäßig Menschen an diesen Ort. Mittlerweile ist dort auch ein Gipfelbuch deponiert, in dem sich die meisten Besucher mit ihren Namen, Gedanken und Empfindungen, manchmal auch Gebeten verewigen.

Erst einige Monate später haben wir im Männertreff die Kreuzerrichtung zum Thema gemacht. Die Frage »Was bedeutet mir persönlich dieses Kreuz?« wurde an einem Abend besprochen. Die verschiedenen und höchst unterschiedlichen Antworten wurden aufgeschrieben und in einem Männergottesdienst, zu dem natürlich auch Frauen eingeladen waren, vorgetragen. Hier einige Beispiele: »Für mich ist das Kreuz ein Zielpunkt im Wald, zu dem ich immer wieder aufbreche«, »Es ist ein Ort, an dem man Ruhe findet und Abstand gewinnt«, »Hier kann ich gut über alles nachdenken«, »Endlich habe ich ein Ziel bei meinen Jogging-Läufen durch den Wald«, »Hier finde ich Kraft«. Auffällig war, dass wenig von Glauben und Vertrauen, von Gott und seiner Liebe zu uns Menschen die Rede war. Aber da sind Männer in ihren Äußerungen eher zurückhaltend. Deshalb ist männlicher Glaube aber nicht weniger intensiv. Vermutlich hätten Frauen bei diesem Projekt den umgekehrten Weg genommen: Sie hätten sich vielleicht zuerst mit dem Thema beschäftigt, sich über ihre Einstellung dazu und ihren Glauben ausgetauscht und wären dann vielleicht an die Gestaltung gegangen.

Männlich glauben heißt: etwas tun und dann vielleicht auch darüber reden. Viele Männer sind durchaus bereit, für ihre Kirchengemeinde, ihren Pfarrer, ihr Kirchengebäude und damit weiter gefasst auch für Gott etwas zu tun. Aber es gibt hier so selten sinnvolle Aufgaben, bei denen Männer zupacken können oder konkret angefragt werden.

Wie sich Gott verschiedenen Menschen auf verschiedene Weise zeigt – dem einen erscheint er in der Kirche, dem anderen im Kloster oder in der Einsiedelei und einem Dritten an einem reißenden Fluss, mitten in der Weltlichkeit des Alltags –, so können auch die Menschen Gott auf verschiedene Weise dienen. Die Arbeit der Muskeln ist so wertvoll wie der Dienst im Gebet und im Fasten. Wichtig ist nur herauszufinden, wo meine Stärke liegt und welches Leben mir entspricht. Entscheidend ist nicht, dies oder das zu tun, sondern seine Berufung zu entdecken und sie zu leben: Beten und Fasten oder als Fährmann am reißenden Fluss.

Praktische Überlegungen zum Ehrenamt

Der Diplom-Sozialpädagoge und Sozialwissenschaftler Eckart Hammer führt in seinem Buch »Das Beste kommt noch – Männer im Unruhestand« eine ganze Reihe von Möglichkeiten auf, wie sich Männer im Ruhestand, aber auch in ihrer Freizeit neben der Erwerbsarbeit engagieren können. Vor allem aber macht er ihnen Mut zum sozialen Ehrenamt. Dies wird in unserer Gesellschaft überwiegend von Frauen erbracht. Männer übernehmen dort häufig »Männertypisches« wie Fahrdienste, Reparaturarbeiten, Verwaltungsaufgaben und Regiefunktionen. Einen wirklich vernünftigen Grund für diese Rollenverteilung gibt es eigentlich nicht. Der Mann verbaue sich vielmehr die einmalige Chance, im nachberuflichen Leben oder begleitend zu seiner Erwerbsarbeit ehrenamtlich endlich einmal etwas anderes zu tun, meint Hammer. In der von weiblichen Haupt- und Ehrenamtlichen geprägten Welt des Sozialen brauche es schon ein wenig Mut und Durchsetzungsvermögen, das zu tun, wozu Mann Lust hat oder worin er sich einmal erproben möchte. »Lassen Sie sich keinesfalls zu dem degradieren, was sie schon als Junge gehasst haben und weswegen Sie jetzt vielleicht von zu Hause geflohen sind: zum Handlanger der Frauen«, rät Eckart Hammer (a. a. O., S. 129). Im Anschluss daran führt er viele Praxisfelder und Organisationen auf, die dringend das Engagement von Männern brauchen: von der Bahnhofsmission (www.bahnhofsmission.de) über das Bundesnetzwerk Bürgerschaftlichen Engagements (www.b-b-e.de), die Bundesarbeitsgemeinschaft der Freiwilligenagenturen e.V. (www.bagfa.de) oder der Freien Wohlfahrtspflege (www.bagfw.de) bis hin zum Naturschutzbund Deutschland (www.nabu.de) oder dem Bund für Umwelt und Naturschutz Deutschland (www.bund.net) und viele andere mehr.

Berufungen müssen jedoch manchmal auch direkt ausgesprochen werden. Ein Drittel aller Deutschen hat laut Umfragen bereits ein Ehrenamt, das die Einzelnen mehr oder weniger engagiert ausüben. Ein weiteres Drittel käme nie auf den Gedanken, sich ehrenamtlich zu engagieren. Und ein letztes Drittel wäre durchaus bereit, wenn man gezielt anfragen würde. Dabei spielen zentrale Figuren des kommunalen, kirchlichen und sozialen Lebens sowie Vertreter von Vereinen eine wichtige Rolle. Gelingt es ihnen, solchen Menschen ein sozial oder bürgerschaftlich sinnvolles und notwendiges Engagement nahezubringen, sie in ihrer Kompetenz zu bestärken und sie zu ermutigen, wäre das vielleicht eine Berufung, der sich viele nicht entziehen würden, auf die sie vielleicht sogar unbewusst gewartet haben.

Männer können an der legendären Gestalt des Christophorus lernen, wie wichtig es in der eigenen spirituellen Entwicklung ist, eine Berufung zu finden, ihr zu folgen und sich in einem konkreten Dienst einer Aufgabe zu stellen.

5. Lebensübergänge bewältigen

M anchmal stehen Männer selbst am Fluss und brauchen jemanden, der sie ans andere Ufer bringt. Seit jeher hat der Mann (und natürlich auch die Frau) Angst, in seiner Entwicklung die nächste Schwelle zu überschreiten. Er weiß nicht, was ihn dort erwartet. Alle Übergänge in seinem Leben machen ihm Angst, der Übergang von der Kindheit in die Jugend, von der Jugend zum Erwachsenwerden, am Beginn einer Partnerschaft, in der Lebensmitte, im Alter und schließlich an der Schwelle des Todes.

Vom Jungen zum Mann

Wenn Jungen vom Jugendlichen zum Mann heranwachsen und beginnen, ihren eigenen Weg ins Leben zu gehen, ist es hilfreich, sie symbolisch aus der Kindheit zu entlassen, den Übergang mit kraftvollen Ritualen zu unterstützen und die Jungen als junge Männer willkommen zu heißen. 1998 erschien unter dem Titel »Die Nacht des Feuers« als Diplomarbeit von Felix M. Rohner ein Modell für ein Initiationswochenende für männliche Firmlinge und deren Paten. 2003 wurde das Modell – leicht überarbeitet – unter dem Titel »Initiation. Wann ist ein Mann ein Mann«

in der Reihe »Konfer normal« für die Arbeit mit Jungs in der Konfirmandenarbeit in der Evangelischen Kirche von Kurhessen-Waldeck herausgegeben.

Im Jahr 2011 haben mein Sohn, damals dreizehn Jahre alt, und ich an dem Wochenende »Die Nacht des Feuers« der Evangelischen Nordelbischen Kirche teilgenommen. Außer uns waren noch weitere sechs Jungs mit ihren Vätern bzw. Paten dabei. Im Zentrum des Wochenendes stand ein Ritualweg, der als Initiationsweg gestaltet das Märchen vom Eisenhans in sieben Stationen entfaltete.

Bereits die Eröffnung, »Trennung, Ende der Kindheit«, war ein dramatischer und eindrücklicher Akt: Die Väter suchten einen geeigneten Platz für ihre Jungen, die sich auf die Erde oder eine Unterlage legten. Dann wurden sie ohne jegliche Vorwarnung »eingewaldet«, das heißt, schweigend mit den umliegenden Naturmaterialien (Ästen, Laub und Moos) gänzlich bedeckt. Die Väter setzten sich etwas abseits und ließen den Jungen Zeit, sich in das Waldgrab einzufühlen. Das dauerte etwa zehn Minuten. Dann wurden sie von ihren Vätern »auferweckt«. Dabei entfernte der Vater langsam wieder alle Äste, fasste den Sohn am Arm, zog ihn auf die Beine und sagte dabei: »Erwachsen werden heißt, sich zu verabschieden vom Rockzipfel der Mutter. Lass den Wunsch in dir, ständig versorgt und bedient zu werden, sterben und übernimm Verantwortung für dein Leben!« Nachdem die Jungs wieder aufrecht standen, sagten die Väter: »Lieber ..., ich sage dir: Wache auf!« Dann stellten sich alle in einen Kreis. Die Jungen wurden vom Leiter angesprochen: »Eure Kindheit ist jetzt zu Ende, nun macht euch auf den Weg zum Mann.

Was das heißt, wollen wir euch nun am Märchen vom Eisenhans symbolisch durchleben lassen.«

Dieses Wochenende war für uns beide, Vater und Sohn, eine sehr intensive Erfahrung und ein großer Gewinn. Nie zuvor und nur selten danach haben wir so ausführlich und zugewandt über unsere Beziehung und über die Zukunft geredet und dabei zugleich Nähe gespürt und erlebt. Es ging aber nicht nur um Nähe, sondern auch um Freilassung aus der väterlichen Bevormundung, um Entlassung aus der Kindheit und um Eigenständigkeit. Auch das hat sich vollzogen und die Vater-Sohn-Beziehung noch einmal verändert.

Der Ritualweg in Verbindung mit der Geschichte vom Eisenhans war erstaunlich wirkungsmächtig. Er hat Kräfte freigesetzt, Entwicklungen angestoßen und neue Wirklichkeiten geschaffen. Sehr bewegend war der Abschluss, als die Leiter die Väter und ihre Söhne gesegnet haben. Wir haben an diesem Wochenende als Vater und Sohn eine Erfahrung machen dürfen, die uns seitdem verbindet und auf die wir immer wieder einmal zurückkommen und uns gegenseitig erinnern an das, was wir gemeinsam erlebt und uns gegenseitig versprochen haben.

Lebensübergänge werden in der Regel von weltlichen und religiösen Ritualen (Taufe, Konfirmation, Trauung, Beerdigung) begleitet, die nach dem französischen Ethnologen van Gennep *rites de passage*, Übergangsriten sind und immer die gleiche Struktur aufweisen. Sie gliedern sich in: 1. Trennungsphase, 2. Übergangsphase, 3. Wiederangliederungsphase. Am Anfang steht die Trennung von alten

Beziehungen, von der Gemeinschaft oder Gruppe, dann folgt die Initiation oder der Übergang zu der neuen Ebene, und schließlich tritt der »Held« mit dem Geschenk der Reise die Rückkehr in die Gemeinschaft an. Die »Nacht des Feuers« ist ein Initiationsritual, ein *rite de passage*, das helfen will, den Übergang vom Jungen zum Mann bewusst zu machen, zu gestalten und zu vollziehen.

In der männlichen Biografie spielen jedoch auch noch andere Lebensübergänge eine wichtige Rolle.

Die Krise der Lebensmitte

In der Lebensmitte zwischen dem vierzigsten und fünfzigsten Lebensjahr geraten Männer in der Regel in eine tiefe Lebenskrise. Dies ist bei Frauen oft ebenfalls der Fall, sie zeigt sich aber anders als bei Männern. Männer müssen jetzt lernen, sich neu auf die veränderten physischen und psychischen Gegebenheiten einzustellen. Sie müssen mit dem Nachlassen der körperlichen und geistigen Kräfte fertigwerden und aufkommende Wünsche und Sehnsüchte neu einordnen. Es handelt sich dabei oft um eine tiefe Existenzkrise, in der die Frage nach dem Sinn des Ganzen gestellt wird: Warum arbeite ich so viel, warum hetze ich mich ab, ohne noch Zeit für mich zu finden? Warum, wieso, wozu, für was, für wen mache ich das alles?

Wenn man versucht, diese Krise religiös zu deuten, dann fällt auf, dass es dabei auch um die Grundfragen des Lebens geht: Woher komme ich, wer bin ich, wo will ich hin? Aus dem Glauben heraus kann ich irgendwann feststellen, dass Gott selbst in der Krise an mir handelt. Und so birgt sie die große Chance einer neuen und intensiven Gottesbegegnung und Gotteserfahrung.

Anselm Grün hat in seinem kleinen Büchlein »Lebensmitte als geistliche Aufgabe« den spirituellen Weg der Bewältigung der Lebensmitte bei dem mittelalterlichen Mystiker Johannes Tauler untersucht und die Untersuchung mit Erkenntnissen der Tiefenpsychologie nach C. G. Jung ins Gespräch gebracht. Für Jung besteht das Grundproblem der Lebenskrise darin, dass der Mensch meint, er könne mit den Mitteln und Prinzipien der ersten Lebenshälfte nun auch die Aufgaben der zweiten meistern. Die Aufgabe jenseits der Lebensmitte bestehe aber nun darin, statt weiterer Expansion eine Reduktion auf das Wesentliche zu vollziehen. Aufgaben, die nun in der zweiten Lebenshälfte abverlangt werden und auf die Mann sich neu einstellen muss, sind: 1. Relativierung der eigenen *persona*, 2. Annahme des eigenen Schattens, 3. Integration von *anima* und *animus* und 4. Entfaltung des Selbst in der Annahme des Sterbens und in der Begegnung mit Gott.

Für Tauler ist die Krise der Lebensmitte eine Chance, sich selbst zu erkennen, nicht nur äußerlich, sondern im eigenen Seelengrund, wo unser Wesen verborgen liegt. Der Weg der Selbsterkenntnis ist für ihn die Kehre nach innen. Nöte und Ängste, die einem dabei begegnen, sind nur die Geburtswehen für die Gottesgeburt im Menschen. Gottesgeburt meint hier, dass der Mensch offen wird für Gott, fähig, ihm zu begegnen, von Gott innerlich verwandelt zu werden und ganz aus seinem Geist heraus zu leben. Er ist einem innerlich geworden, man hat ihn erfahren und lebt nun aus der Erfahrung des gegenwärtigen Gottes.

Eine wichtige Aufgabe des Mannes in der Lebensmitte besteht darin, die meist unbewusste *anima*, das heißt seine verdrängten weiblichen Anteile zu erkennen und in sein bewusstes Leben zu integrieren. »Das Unbewusste, das dem Mann in seiner *anima* gegenübertritt, ist nicht ohne Gefahren. Es kann den in der bewussten Welt Erfahrenen nicht nur verunsichern, sondern auch vereinnahmen und verschlingen«, schreibt Anselm Grün dazu. Wenn der Mann diesem Unbewussten in sich begegnen und daraus Nutzen ziehen will, braucht er dazu nach C. G. Jung die Religion mit ihren Symbolen: »Die Religion greift das Gefühlsmäßige und Schöpferische der *anima* auf und ist so für den Menschen wie eine Mutter, die ihm Leben schenkt, wie eine fruchtbare Quelle, aus der er trinken kann und die ihn lebendig und schöpferisch erhält« (Anselm Grün, Lebensmitte als geistliche Aufgabe, S. 46 f.).

So ist für den Mann die Integration seiner *anima* nicht nur eine psychologische, sondern auch eine spirituelle Aufgabe. Die Introversion, die C. G. Jung vom Menschen der Lebensmitte fordert, vollzieht sich in Meditation und Askese. Der Schatz, von dem Christus spricht, liegt im Unbewussten verborgen, und nur die Symbole und Mittel der Religion machen den Menschen fähig, diesen Schatz zu heben. Die geistige Wiedergeburt, das Sich-wandeln-Lassen durch Gott ist die Aufgabe der zweiten Lebenshälfte, eine Aufgabe voller Gefahren, aber auch voller Verheißungen.

Männer, die in der ersten Lebenshälfte vor allem extrovertiert gelebt und sich im Wesentlichen über ihr Tun und ihre Schaffenskraft definiert haben, werden durch die Krise der Lebensmitte eingeladen, aufgefordert oder gar genötigt, in einer Wendung nach innen neue Lebenshaltungen einzuüben, die sie vorher nicht kannten bzw. als weiblich gemieden und umgangen haben. Zur Aufgabe der Integration ihrer *anima* gehört jetzt auch eine verstärkte Auseinandersetzung mit der Religion. Lebenshaltungen wie Hingabe, Emotionalität, Loslassen, Auseinandersetzung mit und Annahme der eigenen Endlichkeit und dem eigenen Sterben werden nun wichtig.

Seit zwanzig Jahren biete ich spirituelle Männerseminare an, in denen es unter anderem darum geht, Männern in oder jenseits der Lebensmitte neue Wege zu ihrem Selbst und zum Glauben zu erschließen. Die Themen der Seminare deuten an, worum es dabei geht: »Ich muss zu der Hölle Pforten in der Mitte meines Lebens« (Jesaja 38,11); »Wechselnde Pfade, Schatten und Licht, alles ist Gnade, fürchte dich nicht«; »Führen und sich führen lassen«; »Nicht Macho, nicht Softie – der fromme Mann«; »Wenn ich schwach bin, dann bin ich stark« usw.

Männer, die die Chance der Krise in der Lebensmitte nicht nutzen und die zweite Lebenshälfte mit der gleichen extrovertierten Haltung und Energie bewältigen wollen wie die erste, bleiben in ihrer psychischen und geistlichen Entwicklung stecken und sind gesundheitlich höchst gefährdet.

Alter

Kaum ist die Krise der Lebensmitte einigermaßen bewältigt, steht ein neuer Lebensübergang bevor, der sich auch wieder krisenhaft andeutet: der in die sogenannte dritte Lebensphase, die vom bevorstehenden Ruhestand geprägt ist, aber auch sonst mancherlei Veränderungen mit sich bringt. Anfang fünfzig zeigen sich die ersten grauen Haare und Falten, ärgert man sich über immer kleiner gedruckte Texte und spürt zum ersten Mal die vielen kleinen Wehwehchen, die überall zwicken und kneifen. Plötzlich verengt sich der Blick, und man sieht um sich herum lauter alternde Männer, die krampfhaft versuchen, der Jugend hinterher- und dem Tod davonzulaufen. Sie trainieren für den Halbmarathon, kaufen sich ein Rennrad und meinen, sich selbst und anderen noch einmal beweisen zu müssen, dass sie doch noch »ganz fit« sind. Eckhard Hammer bezeichnet sie als die »Generation der Nochs«: »Ich gehöre immer mehr zur Generation der ›Nochs‹, bin stolz auf alles, was ich noch kann oder wo ich den Jungen etwas vormache« (Eckhard Hammer, Männer altern anders, S. 198).

Die dritte Lebensphase ist geprägt von widersprüchlichen Erfahrungen: Ich kann noch Aufbrüche wagen – aber nicht mehr jeden. Ich habe noch Kräfte – aber nicht mehr alle. Ich habe noch Initiative – aber nicht mehr jede findet Raum. Ich lebe – aber auch das Sterben rückt näher. Fragen tauchen auf, die zu einer Lebensbilanz einladen: Was kann ich noch – was kann ich nicht mehr? Wer bin ich noch – wer bin ich nicht mehr? Was will ich noch – was will ich nicht mehr? Was soll ich noch – und will es nicht mehr? Was will ich noch – und soll es nicht mehr? Was darf ich noch – und kann es nicht mehr? Was kann ich noch – und darf es nicht mehr? Und die wichtigste Frage: Was kann ich erst jetzt?

In der dritten Lebensphase geht es zum einen um die Einübung einer abschiedlichen Lebenshaltung, in der Verluste realisiert, betrauert und auch angenommen werden können. Zum anderen sind die Chancen dieser Lebensphase in den Blick zu nehmen: Was kann ich erst jetzt, was ich vorher nicht konnte, weil mir Lebenserfahrung, Reife und Gelassenheit fehlten?

Jenseits der fünfzig kann sich der Mann spirituell weiterentwickeln und entfalten, wenn er sich mit den entscheidenden Fragen dieser Lebensphase auseinandergesetzt hat. Jetzt besteht die Chance, seine Lebenserfahrung als Mentor oder geistlicher Begleiter jüngeren Männern weiterzugeben und anderen bei ihrer spirituellen Entwicklung beratend zur Seite zu stehen – wie der Einsiedler in der Christophoruslegende. Der weise Mann drängt sich mit seiner Lebensweisheit nicht auf, sondern steht nur zur Verfügung, wenn er gefragt wird!

Sterben und Tod

Jahrhunderte hindurch war die bewusste Vorbereitung auf das eigene Sterben, auf den eigenen guten Tod mit entsprechenden Übungen ein wichtiger Teil, ja, man kann sogar sagen ein Kernstück der christlichen Frömmigkeit und damit auch ein wesentliches Teilgebiet der religiösen Bildung. Jeder Christ sollte zeit seines Lebens und entsprechend seinem Alter, seinem Lebensstand, seinem Beruf und seinem Vermögen dem eigenen Sterben bewusst entgegensehen. Das musste gelernt und darum auch gelehrt werden.

In den letzten fünfzig Jahren ist dieser Bereich christlicher Frömmigkeit fast ganz »ausgetrocknet«, und auch aus der spirituellen Bildung ist die Unterweisung und Übung in einer *ars moriendi* (Kunst des Sterbens) so gut wie ganz verschwunden. Zwar ist ein neues Interesse am Thema Sterben und Tod nicht zu übersehen, und vor allem Fragen der Sterbebegleitung stehen hoch im Kurs. Aber die bewusste Auseinandersetzung mit und die positive Annahme der eigenen Sterblichkeit, also das Bedenken des eigenen Todes, scheint in der Gesellschaft und im Raum der christlichen Kirchen und Spiritualität auch heute noch keinen großen Stellenwert zu besitzen. Dem entspricht die Beobachtung, dass der Tod selbst in christlichen Kreisen immer mehr verdrängt wird. Die eigene Sterblichkeit nicht nur theoretisch, sondern existenziell anzunehmen, stößt häufig auf tief in uns sitzende Widerstände.

Der Theologe Hans Küng sieht einen menschenwürdigen Umgang mit dem Sterben darin, dass man »Sterben nicht einfach als Endphase des Lebens versteht, mit dem man sich dann auseinandersetzt, wenn der Tod unabweisbar vor der Tür steht. Vielmehr (geht es darum,) das *Sterben als Dimension des Lebens* zu begreifen, die alle Phasen und alle Entscheidungen des Lebens mitbestimmt« (Walter Jens; Hans Küng, Menschenwürdig sterben, S. 17).

Deshalb ist die Mahnung des *memento mori* aus Psalm 90,12: »Lehre uns bedenken, dass wir sterben müssen, auf dass wir klug werden« heute dringlicher als je zuvor.

Das Loslassen ist einzuüben, damit wir eines Tages ganz loslassen können. Denn auch im Sterben scheinen manche Männer noch mehr auf das männliche »Tun und Haben« und weniger auf das »Lassen und Sein« fixiert zu sein. Männer wirken häufig mit der Tatsache ihres herannahenden Lebensendes überfordert und sträuben sich dagegen, kämpfen dagegen an. Sie sind von innerer Unruhe angesichts des nahen Todes erfasst, »sehen fern und sterben nicht selten im Sessel, noch mit der Zeitung in der Hand« (Gregor Linnemann, Sterben Männer anders?, S. 10).

Wer in den vielen kleinen zugemuteten Abschieden und Toden mitten im Leben gelernt hat, Gott zu vertrauen, der kann in guter Hoffnung loslassen und getrost seinem eigentlichen Tod entgegensehen.

Schwellenängste überwinden

An den Lebensübergängen geht es darum, die Schwellenangst zu überwinden und mit den inneren Quellen der göttlichen Kraft in Berührung zu kommen. Christophorus wurde, wie bereits erwähnt, oft am Eingang von Kirchen dargestellt. Damit wollte man ausdrücken, dass es nicht nur am Eingang einer Kirche, sondern bei jedem Übergang in unserem Leben letztlich um die Schwelle zum Heiligen und Numinosen hin geht: »Bei jeder Schwelle treten wir aus dem bisher Bekannten hinein in das Unbekannte, das uns Angst macht, hinein in den Bereich Gottes, von dem wir nicht wissen, was er an Erfahrungen für uns bereithält« (Anselm Grün, Wunden zu Perlen verwandeln, S. 38).

So wollen die Christophorusbilder am Eingang der Kirchen uns die Angst vor den vielen Übergängen unseres Lebens nehmen, vor den vielen Abschieden, die wir vollziehen müssen, um von Neuem beginnen zu können. Manchmal werden Männer auch von archetypischen Ängsten befallen, die aus dem Unbewussten auftauchen. Da ist zum Beispiel die Angst vor Krankheit und Tod, vor dem Zukurz-Kommen, vor Verschlungenwerden, Auflösung oder Vernichtung. Dahinter stehen oft traumatische Erfahrungen im Mutterleib oder in der frühen Kindheit. In der Legende werden diese Erfahrungen im reißenden Wasser des Flusses angesprochen. Das Wasser steht für das Unbewusste. Die Angst, die sich im Unbewussten festgesetzt hat, droht uns zu verschlingen. »Christophorus zeigt uns, wie wir sicher durch die Fluten kommen: Wenn wir Christus in unserem Herzen tragen, dann kann uns das Wasser unseres Unbewussten nicht überschwemmen und nach unten ziehen. Wie Christophorus müssen wir uns an dem festhalten, den wir in uns tragen« (Anselm Grün, a. a. O., S. 40).

Manchmal haben wir den Eindruck, wir hätten keinen festen Boden mehr unter den Füßen und würden im Schlamm versinken. Die Grundfesten, auf die wir unser Leben aufgebaut haben, geraten ins Wanken. Dazu gehört auch unsere männliche Identität, die unsicher geworden ist. Wie die Menschen im zwölften Jahrhundert, so erleben wir auch heute eine Übergangszeit. Was uns bisher Sicherheit gegeben hat, ist unsicher geworden. Die Legende des Christophorus will uns helfen, die Angst vor dem Neuen in Zuversicht und Vertrauen zu verwandeln.

Übung: Flussmeditation

Man kann diese Übung entweder direkt an einem Fluss sitzend oder zu Hause in der Imagination eines Flusses durchführen.

Es wäre jetzt gut, sich zunächst zu entscheiden: Breche ich zu einem konkreten Fluss in meiner Nähe auf und suche mir dort einen ruhigen, ungestörten Platz? Habe ich vielleicht einen Lieblingsplatz, zu dem ich jetzt gehen möchte? Oder bleibe ich in meinem Zimmer und lasse vor meinem inneren Auge das Bild eines Flusses entstehen? Was ist jetzt möglich, was ist jetzt dran? Wozu habe ich Lust?

Wenn man diese Entscheidung getroffen hat, kann die Übung beginnen:

- Spüre nach innen: Was ist jetzt in dir?
- Was möchtest du jetzt loslassen, um ganz aufmerksam im Augenblick gegenwärtig zu sein?
- Nimm die innere Unruhe deiner Gedanken und Emotionen, Ängste, Sorgen oder negativen Gefühle wahr und lasse sie mit dem Fluss davonfließen.

- Vertiefe dich in die Betrachtung des Flusses, des realen oder imaginierten, und betrachte zunächst möglichst alle Einzelheiten:
  Nimm die Landschaft wahr, durch die er fließt.
  Wie breit ist er und wie tief, könnte man durch ihn hindurchwaten?
  Wie ist das Ufer beschaffen? Welche Pflanzen und Tiere siehst du?
  Nimm die Gerüche auf, erinnern sie dich an Szenen aus deiner Kindheit? Lasse deinen Erinnerungen freien Lauf.
- Komme zurück zur Betrachtung des Flusses: Fließt er träge oder wild dahin?
- Schließe die Augen: Was hörst du?
- Welcher Reiz oder welche reale Gefahr gehen von ihm aus?

Bleibe mit deiner Betrachtung noch ganz auf der Bildebene und gehe noch nicht auf die Symbolebene.

- Spüre, was die Betrachtung des Flusses bei dir auf der körperlichen und emotionalen Ebene auslöst.
- Drängt dich etwas, den Fluss zu überqueren? Wie könntest du an das andere Ufer kommen?

Wenn du lange genug den Fluss betrachtet hast, ist es Zeit, einige Überlegungen anzustellen:

- Wofür steht der Fluss in meinem Leben?
- Was trennt oder verbindet er in mir?
- Welche Ängste steigen in mir auf, wie kann ich damit umgehen?
- *Panta rhei* – alles fließt, sagt Heraklit, der griechische Philosoph. Bin ich noch im Fluss des Lebens oder bin

ich erstarrt? Wie kann wieder etwas in mir zum Fließen kommen?

- Welche konkreten Lebensübergänge stehen bevor und welche kleinen Schritte sind jetzt notwendig?
- Wer kann mir dabei vielleicht helfen?

Diese Meditation ist eine Übung der Achtsamkeit, in der der Fluss als ein Teil der Schöpfung möglichst mit allen Sinnen wahrgenommen wird. Dabei ist es wichtig, möglichst lange in der konkreten Wahrnehmung bzw. Imagination zu bleiben und nicht zu früh auf die Symbolebene zu gehen. Erwägungen und Konkretionen ergeben sich von allein, wenn man lange genug betrachtet hat.

Viele Männer sind gern in der Natur, sie genießen zum Beispiel die Ruhe und das Alleinsein beim Angeln am Fluss und überlassen sich dabei gern ihren Gedanken. Diese Übung knüpft also an eine Beschäftigung an, die Männer sowieso schon gern tun. Wenn man sich auf die Übung einlässt, kann sie Erfahrungen der Kindheit zurückholen und diffuse Ängste und Sehnsüchte aufdecken und klären.

In meiner Kindheit habe ich gern am heimatlichen Fluss gesessen und dem Fährmann zugeschaut. Wenn die Glocke am anderen Ufer ertönte, kam er gemächlich aus seinem Haus geschlurft, stieg in seine Fähre, die an einem über den Fluss gespannten Stahlseil befestigt war, und holte die Person »über«. Das konnte sich während der Stunden, die ich manchmal dort saß, mehrfach wiederholen und hatte etwas Beruhigendes und Verlässliches, das meine kindliche Seele irgendwie getröstet hat.

Jahre später fand ich als junger Mann meinen Lieblings-ort an einem anderen Fluss. Wieder war es eine Fähre, der ich zuschaute, wie sie Fußgänger, Radfahrer, Traktoren und Pkws von einem Ufer zum anderen transportierte. Als ich eines Tages wieder dort saß, wurde mir bewusst, dass dies ein wesentlicher Aspekt meiner Arbeit als Pfarrer ist: wie der Fährmann Menschen dabei zu helfen, die Über-gänge in ihrem Leben zu schaffen.

6. Christus erkennen

»Darnach über manchen Tag, da er einst in seiner Hütte ruhte, hörte er, wie eines Kindes Stimme rief: ›Christophore, komm heraus und setz mich über.‹ Er stund auf und lief hinaus, konnte aber niemanden finden; also ging er wieder in seine Hütte. Da hörte er die Stimme abermals. Er ging wieder hinaus und fand niemanden. Darnach hörte er die Stimme zum dritten Male wie zuvor; und da er hinausging, fand er ein Kind am Ufer, das bat ihn gar sehr, dass er es hinübertrage. Christophorus nahm das Kind auf seine Schulter, ergriff seine Stange und ging in das Wasser. Aber siehe, das Wasser wuchs höher und höher, und das Kind ward so schwer wie Blei. Je weiter er schritt, je höher stieg das Wasser, je schwerer ward ihm das Kind auf seinen Schultern; also dass er in große Angst kam, und fürchtete, er müsste ertrinken. Und da er mit großer Mühe durch den Fluss war geschritten, setzte er das Kind nieder und sprach: ›Du hast mich in große Fährlichkeit bracht, Kind, und bist auf meinen Schultern so schwer gewesen: Hätte ich alle diese Welt auf mir gehabt, es wäre nicht schwerer gewesen.‹ Das Kind antwortete: ›Des sollst du dich nicht verwundern, Christophore; du hast nicht allein alle Welt auf deinen Schultern getragen, sondern auch den, der die Welt erschaffen hat. Denn wisse, ich bin Christus, dein König, dem du mit dieser Arbeit dienst. Und damit du siehst, dass ich die Wahrheit rede, so nimm deinen Stab, wann du wieder hinüber gegangen bist, und stecke ihn neben deiner Hütte in die Erde; so wird er des Morgens blühen und Frucht tragen.‹ Damit verschwand er vor seinen Augen.«

Die Stunde der entscheidenden Begegnung naht. Christophorus *ruht* in seiner Hütte. Er hat sich von der Arbeit eine Weile zurückgezogen. Der Dienst des Fährmanns erfordert allerdings eine ständige Rufbereitschaft.

Die kurze Notiz in der Legende, dass Christophorus in seiner Hütte ruhte, bevor es zu der entscheidenden Begegnung kam, ist bedeutsam für das folgende Ereignis. Spirituelle Erfahrungen werden oft vorbereitet und eingeleitet durch Zeiten der Ruhe und Sammlung, durch Momente, in denen alles Laute und Hektische zurücktritt.

Als Jesus seinen Jüngern Petrus, Jakobus und Johannes eine besondere spirituelle Erfahrung (seine Verklärung) zuteilwerden lassen wollte, nahm er sie beiseite und »führte sie allein auf einen hohen Berg« (Matthäus 17,1). Für die Erfahrung besonderer göttlicher Offenbarungen braucht es offenbar einsame Orte, die die Aufmerksamkeit des Empfängers vorbereiten und konzentrieren.

Wie schon oben erwähnt, antwortete der Wüstenvater Arsenios, als er von einem Suchenden gefragt wurde, wie man eine spirituelle Erfahrung machen könne, kurz und bündig: »Fliehe, schweige, ruhe!« Die erste Empfehlung, »fliehe«, macht deutlich, dass es als Vorbereitung auf eine spirituelle Erfahrung einen selbstgewählten Rückzug, unter Umständen sogar einen Ortswechsel braucht. Der Suchende verlässt für eine gewisse Zeit den Alltag, um in der »Wüste« alles Laute und Fordernde hinter sich zu lassen. Indem er aus seinem Alltag »flieht«, entzieht er sich für eine gewisse Zeit den Anforderungen der Welt, macht sich ihr fremd und weist ihre Ansprüche an ihn zurück.

Das ist die Voraussetzung für den nächsten Schritt: »schweige«. In der Einsamkeit der »Wüste« – das kann das eigene Zimmer sein, aber auch die Natur oder gestaltete und vorbereitete Orte wie zum Beispiel ein Kloster – melden sich sehr oft die innere Unruhe und die inneren Antreiber. Die äußere Ruhe führt dazu, dass die innere Unruhe anschwillt und sich in der Unruhe der Gedanken und im Aufkommen von heftigen Emotionen entlädt. Durch gezielte Körper- und Atemübungen können die störenden Gedanken und aufkommenden Emotionen zum Schweigen gebracht werden, damit sich dann wirklich als letzer Schritt die Ruhe einstellt. In der Meditation ist das Ruhen noch einmal eine Steigerung von Schweigen. Ruhe beschreibt einen gnadenhaften Zustand, den man sich nicht selbst verordnen oder erarbeiten kann, der einem jedoch geschenkt wird, wenn man dafür offen ist.

Dazu ein Beispiel: Einmal im Jahr kommen Polizisten mit ihrem Polizeipfarrer zu mir ins Kloster, um zu meditieren. »In der Ruhe liegt die Kraft« ist das Motto, das die Teilnehmer anlockt. Drei Tage der Einkehr erschließen Erfahrungen, die für viele von großer Bedeutung geworden sind: »Ich hätte nie gedacht, dass drei Tage im Kloster eine solche Wirkung haben können. Ich konnte vom Alltag abschalten und nach anfänglichen Schwierigkeiten wirklich zur Ruhe kommen. Dabei haben mir die gemeinsamen Übungen sehr geholfen. Mit der Kirche habe ich nicht so viel am Hut. Gottesdienste bringen mir nichts. Aber die Klosterkirche ist einfach fantastisch, ihre Ausstrahlung ... und das Singen! Über vieles in meinem Leben habe ich neu nachgedacht, auch über meinen Glauben an Gott. Ich weiß noch nicht, wie es jetzt weitergeht, aber beim nächsten Mal bin ich wieder dabei« (Markus G., 45 Jahre).

Viele Männer lieben die Einsamkeit und sehnen sich nach Ruhe. In den vielfältigen Belastungen ihres Berufs suchen sie nach Gegenwelten zum Alltag, in denen sie wenigsten für eine kurze Zeit selbstbestimmt und zurückgezogen leben können. Ein solcher Rückzug kann ihnen eine positive Energiebilanz bescheren. Ein beliebter Ort dafür ist die Natur. Die Ruhe, in die Männer beim Wandern, Joggen, Angeln, Meditieren etc. eintauchen, wird ihnen zur Quelle der Kraft und Inspiration. Manche berichten gar von mystischen Erfahrungen, die sie dort machen.

Während weibliche Spiritualität tendenziell kommunikativ und gemeinschaftsorientiert ist, wollen die meisten Männer mit sich und ihrem Gott lieber allein sein. Sie meditieren gern in der Natur, wo sie ihren Wunsch nach Autonomie mit dem Gefühl der Gnadenhaftigkeit des Daseins und des eigenen Lebens verbinden können. Einige Männer suchen zudem gern das spirituelle Abenteuer. Sie wollen Spiritualität mit ihren konstruktiven Aggressionen und ihrer schöpferischen Potenz verbinden. Auch zur

Zen-Meditation fühlen sich Männer eher hingezogen als Frauen. Je härter und konsequenter ein spiritueller Weg ist, desto mehr Männer machen mit.

Während Christophorus in seiner Hütte ruht, *hört* er. Er hört eine Stimme. Das Hören ist phänomenologisch die erste Sinneswahrnehmung, die ein menschliches Wesen hat. Bereits im Mutterleib hört das Ungeborene durch den Bauch der Mutter viele Geräusche, von denen manche bedrohlich und verwirrend wirken. Das Kind lernt innerhalb kurzer Zeit aus all diesen Geräuschen die Stimme der Mutter herauszufiltern. Sie beruhigt es und vermittelt Sicherheit und Geborgenheit. Deshalb werden Mütter in der Schwangerschaft immer wieder dazu aufgefordert, mit ihrem noch ungeborenen Kind zu reden. Über das Streicheln des Bauches und über die Stimme kommunizieren sie mit ihm und beruhigen den Fötus in manch schwieriger Situation. Bei der Geburt, wenn das Kind »das Licht der Welt erblickt« und damit eine weitere Sinneswahrnehmung hinzukommt, verändern sich auch die Geräusche, die jetzt an das Ohr des Säuglings dringen. Was vorher durch Fruchtwasser und Gebärmutter gedämpft zu vernehmen war, ist nun laut und bedrohlich zu hören. Der Säugling versucht jetzt wieder, wie er es bereits gelernt hat, aus den vielen bedrohlichen Geräuschen die Stimme der Mutter herauszuhören. Auch wenn diese nun anders klingt, wird er sie wiedererkennen. Das gibt ihm im neuen Umfeld das Gefühl von Sicherheit und Geborgenheit.

Was phänomenologisch beim akustischen Hören geschieht, hat seine Entsprechung im inneren Hören. Auch hier geht es darum, aus einer Vielzahl von inneren und äußeren Stimmen, die einen Menschen bedrängen, die *eine* Stimme herauszuhören, die in einer vielleicht verwirrenden und bedrohlichen Situation ins Leben ruft, die eine Stimme, den einen Ruf, der vergewissert und ermutigt: »Fürchte dich nicht, ich habe dich erlöst, ich habe dich bei deinem Namen gerufen, du bist mein« (Jesaja 43,1).

Dabei geht es nicht nur um Tröstung und Vergewisserung, oft sind die geistlichen Anrufe verbunden mit konkreten Berufungen. Für dieses Erleben gibt es eine erhebliche Zahl von biblischen Beispielen, zwei davon seien an dieser Stelle erwähnt: In einer Zeit in der Geschichte Israels, »als das Wort des Herrn selten geworden war und es kaum noch Offenbarungen gab«, wurde der Knabe Samuel, ein Schüler des Priesters Eli, des Nachts »im Heiligtum des Herrn« von Gott gerufen:

»Da rief der Herr den Samuel. Der antwortete: Hier bin ich, lief dann zu Eli hin und sagte: Hier bin ich; du hast mich ja gerufen. Jener erwiderte: Ich habe dich nicht gerufen; leg dich wieder schlafen. Da ging er weg und legte sich schlafen. Der Herr aber rief wiederum: Samuel! Und Samuel stand auf, ging zu Eli und sagte: Hier bin ich; du hast mich ja gerufen. Jener antwortete: Ich habe dich nicht gerufen, mein Sohn; leg dich wieder schlafen! Samuel hatte nämlich den Herrn noch nicht kennen gelernt und er hatte noch nie eine Offenbarung des Herrn empfangen. Nun rief der Herr wiederum, zum dritten Mal, den Samuel. Der stand auf, ging zu Eli und sagte: Hier bin ich; du hast mich ja gerufen. Da merkte Eli, dass es der Herr war, der den Knaben rief. Darum sagte Eli zu Samuel: Geh, leg dich schlafen, und wenn man dich ruft, so erwidere: Rede, Herr, denn dein Diener hört! Samuel ging weg und legte sich an einen Ort zur Ruhe. Da kam der Herr, trat heran und rief wie die vorigen Male: Samuel, Samuel! Und Samuel antwortete: Rede, denn dein Diener hört! Da sprach der Herr zu Samuel: ...«

1. Samuel 3,4–11a

Die hier geschilderte Berufung gleicht der des Christophorus. Ein dreimaliger Anruf ist nötig, bis der Gerufene die Qualität und Bedeutung des Rufs begreift und sich dem Rufenden zuwendet. Göttliche Berufungen sind oft mehrdeutig und nicht deutlich als solche zu erkennen. Der Gerufene hört zwar, aber er ist sich nicht sicher, woher der Ruf kommt und wer der ist, der ihn ruft.

Eine zweite biblische Geschichte macht deutlich, dass in der Berufung nicht nur eine Beauftragung geschieht, sondern dass die Gerufene in der Begegnung mit dem Heiligen eine tiefgreifende Verwandlung erfährt: Als der Engel Gabriel zu Maria kommt, um ihr die Nachricht von ihrer Erwählung und der Geburt eines besonderen Kindes zu überbringen, erschrickt sie zutiefst. Der Engel beruhigt sie: »Fürchte dich nicht, Maria, du hast Gnade bei Gott gefunden« (Lukas 1,30), ehe er ihr die Einzelheiten des Geschehens mitteilt. Wo das Heilige erscheint und sich mitteilt, können Menschen in große Furcht geraten. In der Spannung zwischen Faszination und Erschrecken lauscht sie nun den Worten des Engels. Diese Worte haben eine besondere Qualität, sie vermitteln nicht nur eine Information, sondern bewirken, was sie sagen: Maria wird schwanger durch das an sie gerichtete Wort. Das macht die besondere Qualität des göttlichen Wortes aus: Es ist in sich und aus sich heraus wirkungsmächtig. Mittelalterliche Darstellungen dieser Szene zeigen daher das Ohr Marias als Organ der Befruchtung. Im Hören des Wortes wird sie schwanger.

Spirituelles Hören ist ein gnadenhaftes Geschehen, es nimmt nicht nur eine Information auf, sondern empfängt das Wort Gottes im Leib, in der Seele und im Geist. Mit dem so aufgenommenen Wort wird man schwanger gehen, bis der Zeitpunkt gekommen ist, es zu gebären (vgl. Manfred Gerland, Meine Seele erhebt den Herrn, S. 55ff.). Vom Wort Gottes schwanger werden können auch Männer, denn es ist ein spirituelles Geschehen, um das es hier geht. Dazu braucht es eine jungfräuliche, das heißt freie und unabhängige, ganz auf Gott ausgerichtete Seele, die immer mehr lernt, in der Stille auf Gott zu hören.

Nachdem Christophorus bereits vom Einsiedler zu einer konkreten Aufgabe berufen worden war, die ihm eine Begegnung mit Christus, dem mächtigsten König der Welt, in Aussicht stellte, geschieht nun in der dramatischen Begegnung mit dem Kind etwas Grundlegendes, was sein ganzes Leben verändert.

Als er nach dreimaligem Rufen schließlich ein kleines Kind entdeckt, das ihn bittet, es zum anderen Ufer zu tragen, nimmt er es auf seine Schulter, ergreift seine Stange und geht in das Wasser. Was er jetzt erlebt, übersteigt alle seine Erfahrungen, die er als Fährmann bisher gemacht hat: Nicht nur, dass die Fluten an der vertrauten Furt plötzlich unerklärlicherweise anschwellen, beunruhigt ihn, auch das Kind auf seinen Schultern wird schwerer und schwerer, sodass er in Todesangst gerät. Mit letzter Kraft erreicht er das rettende Ufer. Sogleich stellt er das Kind zur Rede, will wissen, was ihm da widerfahren ist, als er nahe am Ertrinken das Gefühl hatte, mit der Last, die er zu tragen hatte, die ganze Welt auf seinen Schultern zu haben. Das Kind antwortete ihm: »Des sollst du dich nicht verwundern, Christophore, du hast nicht allein alle Welt auf deinen Schultern getragen, sondern auch den, der die Welt erschaffen hat. Denn wisse, ich bin Christus, dein König, dem du mit deiner Arbeit dienst.«

Was Christophorus hier erlebt, ist ein Vorgang radikaler Transformation, der, wie wir bereits sehen konnten, eine längere Vorgeschichte hatte und nun in der Begegnung mit dem göttlichen Kind seinen Höhepunkt erreicht.

Man kann diesen Vorgang gut mit der Bekehrung beziehungsweise Berufung des Saulus (Apostelgeschichte 9,1–19) vergleichen. Saulus, der Sektenbeauftragte der jüdischen Religion und Christenverfolger, wird vor den Toren von Damaskus von einer unerklärlichen Macht vom Pferd gerissen, zu Boden geschleudert und von einem grellen Licht geblendet, sodass er vorübergehend erblindet. Er hört eine Stimme: »Saul, Saul, was verfolgst du mich?« »Herr, wer bist du?«, fragt er voller Angst. »Ich bin Jesus, den du verfolgst. Steh auf und geh in die Stadt; da wird man dir sagen, was du tun sollst.« Von seinen Begleitern gestützt und geführt geht er nach Damaskus und harrt der Dinge, die kommen sollen. Drei Tage wartet er und nimmt dabei keine Nahrung zu sich. Hannanias wird indessen von Gott beauftragt, zu dem gestrauchelten und erblindeten Saulus in Damaskus zu gehen und ihm die Hände aufzulegen, dass er vom Heiligen Geist erfüllt und wieder sehend wird. Der so überwältigte und von der Macht Jesu ergriffene Saulus erlebt vor den Toren von Damaskus eine Bekehrung und Berufung, die sein ganzes Leben auf den Kopf stellt. Er lässt sich taufen und wird so vom aggressiven Christenverfolger zum größten Heidenmissionar der jungen Christenheit.

Zwischen der Konversion des Paulus und des Christophorus gibt es interessante Parallelen:

- Es kommt zur körperlichen Erfahrung einer überwältigenden Macht, die mit einem Kontrollverlust über den eigenen Körper einhergeht.
- Die Erfahrung ist so bedrängend und gewaltsam, dass Orientierungsprobleme und Todesängste entstehen.
- Die Erfahrung bedarf eines nachträglichen schmerzhaften Klärungsprozesses, sie ist nicht aus sich selbst zu verstehen.
- Die neue Existenz ist mit einer neuen Namensgebung verbunden: Saulus wird zum Paulus, Reprobus zu Christophorus.

Die Christusbegegnung wird in beiden Fällen nicht nur als ein Bewusstseinsakt im Sinn einer geistigen Erkenntnis erlebt, sondern auch und vor allem als ein energetisches Geschehen von einem Kraft- und Kontrollverlust hin zur Erfahrung einer ganz anderen göttlichen Kraft. Der Weg von der alten in die neue Existenz vollzieht sich als ein Transitus durchs Sterben hin zum Leben. Beide haben durch diese Erfahrung nicht einfach zu sich selbst gefunden, wie man heute gern das Ergebnis einer spirituellen Erfahrung beschreibt, sondern eine personale Überwältigung, eine Personenbesetzung erfahren: »Die Christusmacht besetzt einen Menschen und stößt ihn auf einen Weg, der äußerste Schmerzen, aber auch höchste Glücksmomente umfassen kann« (Manfred Josuttis, Segenskräfte, S. 73).

Wenn Menschen vom Göttlichen erfasst werden, werden sie in der Regel vorher nicht gefragt, ob sie das auch wollen. Die menschliche Einwilligung ist keine Voraussetzung für göttliches Handeln, sie wird für den nächsten Schritt nötig: die Annahme des Geschehenen im Glauben.

Das Ergebnis der Christuserfahrung bedeutet nicht Identität als ein Zustand des Zu-sich-selbst-gekommen-Seins, des In-sich-Ruhens, des harmonischen Einsseins mit Gott oder des Ganzseins. Das alles sind neuzeitliche Ideale eines spirituellen Lebens, die aber bei ehrlicher Betrachtung nie erreicht werden. Auch das neue, von Christus geschenkte Leben bleibt fragmentarisch und von Abbrüchen und Spannungen durchzogen.

Für Christophorus wird der Weg in den Fluss zugleich ein Weg nach innen in die treibenden Gefühle und den Strudel der Gedanken, der ihn letztlich sogar in Todesgefahr bringt. Er badet nicht in Gefühlen, sondern er erlebt eine furchtbare Krise, taucht unter und versinkt fast. »Der Kräftige muss die Erfahrung der Kraftlosigkeit machen, der Männliche die Erfahrung des Weiblichen, der Feige die Erfahrung des Mutes, das Kind die Erfahrung des Erwachsenen. Eine Umkehrung findet statt, eine Ersäufung des alten Selbstwertgefühls«, wie Klaus Reblin und Wolfgang Teichert es in ihrem Buch »Gottescourage« beschreiben. Weil er die Sorge um sich selbst lassen kann, weil er an das andere denkt, an das Kind, das hier zum Symbol für die ganze Welt wird, geht Christophorus in diesem Strudel nicht unter. »Der Egoismus wird aus Sorge für die Welt gelassen überwunden. Der Narzissmus unbedingter Selbstliebe wird transzendiert zur Liebe für das, was mir auf der Schulter sitzt, was ich ›zu tragen‹ habe« (ebd., S. 77f.). Männer, die sich vor allem über ihre körperliche Kraft definieren, halten es nur schwer aus, schwach zu sein. Für sie gilt die Maxime: Nur keine Schwächen zeigen! Denn Schwachheit ist für sie eine Katastrophe, bei der sie fürchten, völlig unterzugehen.

Eine wichtige spirituelle Erfahrung macht Paulus im Ringen mit einer offenbar unheilbaren Krankheit, die ihn immer wieder in große körperliche und sicher auch mentale Schwäche stürzte. Man vermutet, dass er unter Epilepsie litt. Dreimal habe er den Herrn angefleht, diese Krankheit von ihm zu nehmen, daraufhin habe er zur Antwort bekommen: »Lass dir an meiner Gnade genügen, denn meine Kraft ist in den Schwachen mächtig.« »Ich will mich also viel lieber meiner Schwachheiten rühmen«, erklärt er, »damit die Kraft Christi bei mir Wohnung nimmt. Darum habe ich Gefallen an meinen Schwachheiten, an Schmähungen, Notlagen, Verfolgungen und Bedrängnissen um Christi willen; denn wenn ich schwach bin, dann bin ich stark« (2. Korinther 12,9f.). Es kann sehr lange dauern, bis jemand zu einer solch paradoxen Erkenntnis gelangt, dass in der eigenen Schwachheit eine große Chance liegt, weil in ihr die eigentlichen göttlichen Kräfte zum Zuge kommen.

Das hat auch der Mann Martin Luther in vielen Anfeindungen und äußeren und inneren Kämpfen erkannt, wenn er in seinem bekannten Lied »Ein feste Burg ist unser Gott« (EG 362) dichtet: »Mit unserer Macht ist nichts getan, wir sind gar bald verloren; es streit' für uns der rechte Mann, den Gott hat selbst erkoren ...«

Bei Christus werden die männlichen Erfahrungen von Kraft, Stärke und Macht noch einmal völlig auf den Kopf gestellt, wenn er sagt: »Kommt alle zu mir, die ihr mühselig und beladen seid; ich will euch Ruhe verschaffen. Nehmt mein Joch auf euch und lernt von mir; denn ich bin sanftmütig und demütig von Herzen und ihr werdet Ruhe finden für eure Seelen. Denn mein Joch ist sanft und meine Last leicht« (Matthäus 11,28ff.).

Dass Menschen zum Glauben kommen, ist und bleibt ein gnadenhaftes Geschehen, das dem einen widerfährt, dem anderen aber verwehrt bleibt. Sicher sind Suchbewegungen wie bei Christophorus eine gute Voraussetzung für eine Christuserfahrung, aber dass ein Mensch überhaupt in diese Suchbewegung eintritt, ist bereits göttliche Gnade. Der Glaube ist, wie man allerorten sehen kann, nicht jedermanns Sache. Warum und wem er geschenkt wird, ist und bleibt ein Geheimnis.

Nach einer noch so überwältigenden religiösen Erfahrung bleiben offene Fragen und besteht Erklärungsbedarf. Die Offenbarungen, die Samuel, Maria, Paulus und Christophorus erlebt und die wir untersucht und zum Teil miteinander verglichen haben, brauchten alle eine nachträgliche Erklärung beziehungsweise Vergewisserung. Denn schon bald tauchten Fragen auf: Was war das, was ich gehört bzw. gesehen oder erlebt habe? Habe ich mir das Ganze nur eingebildet? Wer hat da zu mir gesprochen? Was ist Wahrheit? All dies sind Fragen, die man sich nicht selbst beantworten kann, sondern Menschen braucht, die einem helfen zu verstehen.

Christophorus bekommt ein Zeichen, das den Wahrheitsgehalt seiner Erfahrung bezeugen soll: Wenn er wieder den Fluss durchschritten hat, soll er seinen Stab neben seiner Hütte in die Erde stecken. Er soll zum Beweis am nächsten Morgen blühen und Früchte tragen.

Christophorus hat den gefunden, den er suchte und dem er diente. Die Offenbarung, die ihm geschenkt wurde, ist Erfüllung und Schlussstein eines langen Weges. Aber damit ist ein neuer Anfang gesetzt mit einer Wahrheit, die er bisher nicht kannte, und einer Kraft, die ihm bisher fremd war. Er ist ihr in der Gestalt eines Kindes begegnet, das von sich behauptete, der König der Welt und der Träger der ganzen Schöpfung zu sein. In der Kunst wird dieses göttliche Kind manchmal mit einer Krone und dem Reichsapfel, den Insignien der Macht, dargestellt. Christus, der Schöpfer und König der Welt in der Gestalt eines Kindes – welch eine Botschaft! Welch eine Umkehrung der Verhältnisse! Vor allem Männern gilt – so meine ich – die Mahnung Jesu: »Wenn ihr nicht umkehrt und werdet wie die Kinder, so werdet ihr nicht ins Himmelreich kommen!« (Matthäus 18,3). Umkehren und zurückfinden in ein kindliches Vertrauen, Schwachheit nicht als Makel sehen, sondern als Chance für die Erfahrung des Himmelreichs, das bedeutet auch »männlich glauben«!

Taufe – mit Christus durch den Tod zum Leben

Die Christusbegegnung des Christophorus im reißenden Fluss, eine Erfahrung zwischen Leben und Tod, wurde in der kirchlichen Tradition zugleich als seine Taufe verstanden, in der der alte Mensch ersäuft und der neue ins Leben tritt. Aus Reprobus, dem »Verworfenen« wird nun Christophorus, der »Christusträger« und lebendige Zeuge (griechisch: *martyr* = Märtyrer) seines Herrn. Durch die Taufgnade wird der Hundsköpfige – so die orthodoxe Darstellung der Legende – der halbtierischen Welt entzogen und bekommt ein menschliches Antlitz. Christophorus erlebt schließlich in seiner Taufe einen letzten entscheidenden Herrschaftswechsel. Jetzt gehört er ein für allemal Christus, dem Herrscher der Welt, den er so lange gesucht und nun endlich gefunden hat.

In den meisten der heute in der Volkskirche gefeierten Taufen, gerade wenn sie als Kindertaufe vollzogen werden, ist von dieser ganzen Dramatik von Tod und Leben, vom Ersäufen des alten Menschen und Auferstehen des neuen Menschen mit Christus, vom Herrschaftswechsel im Leben des Getauften kaum noch die Rede, auch im Vollzug der Feier wird davon wenig sichtbar. Stattdessen ist der Segensgestus, der freilich auch zur Taufe gehört, aber nicht das Wichtigste an der Handlung ist, ganz in den Mittelpunkt gerückt. Die Eltern und Paten, die ihr Kind zur Taufe bringen, ahnen, dass das neue Leben eines Schutzes bedarf, der ihre eigenen Möglichkeiten weit übersteigt. Der zurzeit von Eltern am häufigsten gewählte Taufspruch lautet: »Denn er hat seinen Engeln befohlen, dass sie dich behüten auf all deinen Wegen, dass sie dich auf Händen tragen und du deinen Fuß nicht an einen Stein stoßest« (Psalm 91,11f). Sie drücken darin den Wusch aus, dass sich Gott beziehungsweise höhere Mächte wie Engel ihrer oftmals schutzlosen Kinder annehmen und sie vor Unfall und Gefahr bewahren mögen. Die Taufe – da scheinen sich alle einig zu sein – wirkt apotropäisch, das heißt, sie bewirkt Schutz und Segen. In einer narzisstisch orientierten Gesellschaft, in der individuelle Ohnmachtserfahrungen sehr bedrückend erlebt werden, suchen Menschen nach himmlischem Schutz, nach Vergewisserung und bedingungsloser Annahme. In diesem Zusammenhang begehren sogar solche Eltern die Taufe für ihre neugeborenen Kinder, die selbst nicht glauben. Es kann ja im Zweifelsfall nicht schaden, und man möchte auf keinen Fall dem Kind etwas Lebenswichtiges vorenthalten. So ist die Taufe die »Dienstleistung« in der Kirche, die von allen anderen am meisten in Anspruch genommen wird.

Pfarrerinnen und Pfarrer stehen im Taufgespräch und in der Taufansprache immer wieder vor der Aufgabe, auf dieses ausgeprägte Schutzbedürfnis einzugehen und es mit dem zugegeben nicht leichten theologischen Gedanken vom Mitsterben mit Christus (Römer 6,1ff.) in Verbindung zu bringen. Dabei muss deutlich werden, dass Taufe weit mehr als eine Kindersegnung ist, dass man in ihr mit dem Leben Christi in Verbindung kommt, nachdem man zuvor mit ihm gestorben ist. Da nicht wenige Pfarrerinnen und Pfarrer diese Gedanken als Zumutung oder nicht vermittelbar ansehen, werden sie oft einfach weggelassen. So bleibt im Vollzug der Taufe von der eigentlichen Handlung manchmal nur eine niedliche Wasserbesprengung mit einer Kindersegnung übrig.

Um den in der Taufe sich vollziehenden Herrschaftswechsel deutlich zu machen, müsste die bei der letzten Reform in den 60er-Jahren entfallene »Absage an das Böse« wieder in die Taufliturgie aufgenommen werden. Damals vollzogen – wie heute noch bei der römisch-katholischen Tauffeier – Eltern und Paten die Absage stellvertretend für das Kind. Heute würde man manche Eltern und Paten damit überfordern. Deshalb ist zu überlegen, ob nicht die ganze Gemeinde stellvertretend für den Täufling die Absage wie auch das Glaubensbekenntnis spricht. Bei einer Erwachsenentaufe wird dies der Täufling natürlich selbst übernehmen.

Für den jährlich stattfindenden ökumenischen Taufgedächtnisgottesdienst in unserer Region haben wir einen Text formuliert, der die Absage an das Böse sehr konkret auf Erfahrungen in unserer Alltagswelt bezieht, er könnte auch bei einer Kindertaufe seinen Platz finden.

Dabei fragt der Liturg bzw. die Liturgin und die Gemeinde antwortet:

L.: Sagst du den Mächten des Bösen ab, um im Machtbereich Jesu Christi zu bleiben?

G.: Ja, ich sage ihnen ab!

L.: Sagst du der Beherrschung durch die Wünsche dieser Welt, der Verführung des Hochmuts und der Liebe zum Geld ab, um in der Freiheit der Kinder Gottes zu leben?

G.: Ja, ich sage ihnen ab!

L.: Sagst du den Mächten des Todes, der Zerstörung und Gewalt ab, die dem Leben nach Gottes Willen widersprechen, um in der Welt ein Zeugnis für Gottes Welt zu geben?

G.: Ja, ich sage ihnen ab!

Anschließend folgt dann das Apostolische Glaubensbekenntnis.

Männlicher Glaube versucht nicht, geistliche Dinge zu verharmlosen. Er stellt sich den Zumutungen und nimmt die Herausforderungen an, die in den alten christlichen Ritualen gegeben sind. Freilich muss das archaische Ritual mit der Lebenssituation der Menschen heute verknüpft werden. Aber wie man auch in anderen gesellschaftlichen Zusammenhängen Initiationsrituale neu entdeckt und praktiziert, bleibt die Aufgabe in der Kirche, die Initialzündung der Taufe für ein christliches Leben verbal und rituell zu entfalten.

Am Ende dieses Kapitels möchte ich bewusst auf eine Übung verzichten, um deutlich zu machen, dass die Christusbegegnung ein Ereignis der freien Gnade Gottes ist und nicht durch menschliche Anstrengung herbeigeführt werden kann.

7. Frucht bringen

»Christophorus aber ging hin und pflanzte seinen Stab in die Erde; und da er morgens aufstund, trug der Stab Blätter und Früchte als ein Palmbaum.«

Es ist kaum zu fassen: Der Stab blüht tatsächlich. Christophorus war sehr skeptisch, als er ihn wie einen jungen Baum in die Erde setzte. Alte Stöcke gehen nicht an. Aber dann war es doch geschehen. Über Nacht. Und jetzt blüht er über und über. Wie ist das möglich?

Das Erblühen des Stabes als Palmbaum war für Christophorus zurückblickend das Zeichen, das ihm zu seiner Vergewisserung, zum Zeichen der Wahrheit der empfangenen Offenbarung geschenkt wurde. Zugleich offenbart dieses Zeichen eine Wirklichkeit, die nun von ihm Besitz ergriffen hat und sein Schicksal fortan bestimmen wird.

Nach alter christlicher Tradition ist der Palmbaum das Symbol der Märtyrer, die Anteil am Sieg Christi über den Fürsten dieser Welt und zugleich am Tod Christi haben. Dieses Verständnis knüpft an die Vision des Sehers Johannes an, der eine große Schar aus allen Stämmen und Nationen mit Palmzweigen in ihren Händen vor dem Thron Gottes sieht (Offenbarung 7,9 ff.). Die katholische Kirche hat diese Tradition lebendig erhalten und feiert noch heute zu Beginn der Karwoche, am Palmsonntag, die Palmenweihe und Palmenprozession als Einübung und Einweihung der Gemeinde in die Teilhabe am Todesweg Christi. Der blühende Palmbaum weist Christophorus auf das Kommende hin; in der Nachfolge Christi wird er dessen Sieg verkündigen, aber auch dessen Tod erfahren und so zum Märtyrer werden.

Der fruchtbringende Palmbaum ist jedoch auch ein Symbol der Verwandlung, die an ihm geschehen ist, dass nämlich aus Reprobus, dem Verworfenen, nun Christophorus, der Christusträger geworden ist. Der fruchttragende Palmbaum steht für Vitalkraft, die von Christus ausgegangen ist und immer wieder ausgeht und nun auch Christophorus erfasst und durchdrungen hat.

»Der Gerechte wird grünen wie ein Palmbaum« heißt es in Psalm 92,13. Gerecht ist Christophorus nun, weil ihn die rechtfertigende Gnade Gottes verwandelt und gerecht gemacht hat. Darauf kann er sich nun verlassen und dem vertrauen.

»Gesegnet der Mann, der sich auf den Herrn verlässt und dessen Hoffnung der Herr ist! Er ist wie ein Baum, am Wasser gepflanzt, der seine Wurzeln zum Bach hinbreitet. Er braucht nichts zu fürchten, wenn die Hitze kommt, sein Laub bleibt immer grün. In einem dürren Jahr macht er sich keine Sorgen, ohne Unterlass bringt er Frucht« (Jeremia 17,7f.). Die Kraft, mit der Christophorus in Kontakt gekommen ist, ist eine Vitalkraft, die ihn bis in seine Körperlichkeit hinein verändert hat und noch weiter verändern wird. In der weiteren Geschichte wird berichtet, dass er durch seine spirituelle Praxis in Verkündigung und Gebet energetisch so stark aufgeladen ist, dass seine Feinde vor dem Strahlen seines Angesichts zurückweichen müssen.

In der orthodoxen Theologie gibt es die interessante Vorstellung von den unerschaffenen göttlichen Energien (Glaube, Hoffnung, Liebe, Frieden, Freude usw.), die unaufhörlich aus Gott herausströmen und diese Welt durchfluten und erhalten. Im Glauben kann man selbst Anteil an ihnen bekommen, von ihnen erfasst und energetisch aufgeladen werden. Wie das Evangelium Energie ist, »eine Kraft, die selig macht alle, die daran glauben« (Römer 1,16), so sind auch die unerschaffenen göttlichen Energien der Liebe, der Hoffnung, der Freude usw. Kräfte, die Menschen erfassen und bis in ihre Körperlichkeit hinein verändern können.

Das gab und gibt es in den unterschiedlichen Religionen immer wieder, dass spirituelle Menschen mit so viel positiver Lebenskraft geladen sind, dass sie eine weite Ausstrahlung besitzen. »Heilige verbreiten eine ausschließlich segensreiche Atmosphäre um sich. Wo sie hintreten, blühen Blumen auf, in ihrer Nähe herrscht friedvolle Ruhe, verliert das Leid seine Schrecken, wachsen Hoffnung und Zuversicht. Ihr Blick strahlt Güte und Liebe aus, sie versöhnen, stärken und heilen« (Klaus E. Müller, Das magische Universum der Identität, S. 202). Mit einem solchen Menschen zusammen zu sein, ist eine Freude, und alle spüren das intuitiv. Diese Vitalkräfte sind körperbezogene Energien, die Menschen erfassen und verwandeln, die zwischen Menschen fließen und auf andere übergehen können. Jesus sagt: »Wer an mich glaubt, wie die Schrift sagt, von dessen Leib werden Ströme lebendigen Wassers fließen« (Johannes 7,38). Das ist ein schönes Bild für diese fließenden Energien und Fruchtbarkeit.

Vor etwa dreißig Jahren habe ich eine Geschichte entdeckt, die mich seitdem nicht mehr losgelassen hat und die ich Konfirmanden, Schülern, Erwachsenen und auch in Männergruppen vorgelesen bzw. erzählt habe: »Der Mann mit den Bäumen«. Sie stammt von Jean Giono und wurde 1957 erstmals unter dem Titel »Un caractère« in der Modezeitschrift Vogue (!) veröffentlicht:

Die Geschichte handelt von einem unscheinbaren Hirten mit einem außergewöhnlichen Charakter. Ein junger Mann berichtet darin, wie er 1913 über die Höhen der Provence wandert, die zu diesem Zeitpunkt durch Raubbau und Holzkohlegewinnung völlig verkarstet, ausgetrocknet und menschenleer war. Er begegnet schließlich, dem Verdursten nahe, Elzéard Bouffier, einem wortkargen Hirten. Angezogen von dessen gelassenem Selbstbewusstsein, der großen Zufriedenheit und Zielgerichtetheit seines Handelns, beschließt er, den Hirten am nächsten Tag zu begleiten. Am Abend sortiert Bouffier einen Sack Eicheln. Sorgfältig untersucht er sie, wählt die guten ohne Risse aus, bis er einhundert zusammen hat. Diese tränkt er am nächsten Tag in Wasser. Während seiner Hirtenwanderung sticht er nun mit einem Eisenstab Löcher in die Erde, in die er je eine Eichel pflanzt.

Wie sich herausstellt, pflanzt der Hirte seit drei Jahren Bäume in dieser Einsamkeit. 100 000 hatte er bereits ge-

pflanzt, 20 000 davon hatten getrieben. Wie er selbst nach-
rechnet, würden von diesen 20 000 noch etwa die Hälfte
von Tieren gefressen oder durch Schädlingsbefall oder
Brand oder Dürre vernichtet werden. Es würden also
10 000 Bäume übrig bleiben, »die hervorsprossten, da, wo
es vorher nichts gegeben hatte«.

Bouffier war damals 55 Jahre alt. Er hatte seinen Sohn
und seine Frau verloren, woraufhin er als Hirte in die Einsamkeit der Berge geflohen war. Er bemerkte, dass die einst-
mals bewaldete Gegend völlig öde und verkarstet war und
beschloss, Abhilfe zu schaffen. Und so pflanzte Elzéard
Bouffier Bäume – jeden Tag. Er experimentierte mit
Ahorn, Buchen, Birken, je nach Bodenbeschaffenheit und
Wachstumsbedingungen. Fernab der beiden großen Kriege, die Europa verwüsteten, pflanzte er auf den Höhen und
in den Tälern der Provence Bäume. Tag für Tag, mit Sorgfalt, Liebe, Disziplin und innerem Frieden. Wer ein biss-
chen mitrechnen mag, kommt von den 100 000 Bäumen in
drei Jahren auf 1,6 Millionen bis zum Jahr 1947, in dem
die Geschichte mit dem Tod Elzéard Bouffiers endet, der
bis zum Alter von 88 Jahren täglich treu seine Bäume
pflanzte.

Jean Giono schildert sehr eindrücklich, wie der Ich-Er-
zähler Bouffier 1920 erneut besucht. Die Eichen waren inzwischen mannshoch, erstreckten sich aber bereits kilo-
meterweit. Ein neuer Wald war entstanden. Von da an traf
er den Hirten regelmäßig. »Im Jahr 1933 bekam Bouffier
den Besuch eines Forstwartes«, erzählt er. »Dieser Beamte
gab ihm die Weisung, doch da draußen kein Feuer zu machen, um das Gedeihen dieses ›natürlichen Waldes‹ nicht

zu gefährden. Das sei nämlich das erste Mal, sagte ihm dieser naive Bursche, dass man einen Wald ganz von selbst hervorsprießen sehe.«

Und mit den Bäumen kommt auch das Wasser wieder, angezogen von dem Wald und seinen Wurzeln. Mit dem Wasser gibt es plötzlich wieder Vegetation, Tiere und Menschen kehren zurück: Dort, wo es 1913 nur noch Ruinen gegeben hatte, standen jetzt wieder Bauernhäuser, deren Bewohner ein gutes und glückliches Leben zu führen schienen. Durch die Bäume sprudelten auch die alten Quellen wieder. Man hatte Wasserkanäle angelegt. Sogar die Dörfer waren nach und nach wieder aufgebaut worden. Die Einwohner stammten aus der Ebene, wo das Land teuer geworden war. Sie ließen sich dort nieder und brachten das Leben und die Fröhlichkeit zurück: »Man begegnet in den Gassen wohlgenährten Männern und Frauen, Knaben und Mädchen, die zu lachen verstehen und die wieder Freude bekommen haben an ländlichen Festen. Wenn man die alte Bevölkerung dazurechnet – sie ist nicht wiederzuerkennen, seit sie mit Lust lebt –, so verdanken mehr als 10 000 Menschen ihr Glück Elzéard Bouffier«, erzählt Giono.

Und er fügt hinzu: »Wenn man bedenkt, dass ein einziger Mann mit seinen beschränkten physischen und moralischen Kräften genügt hat, um aus der Wüste dieses ›Gelobte Land‹ entstehen zu lassen, dann ist das ein wunderbares Zeichen dafür, wie schöpfungsmächtig ein Einzelner sein kann.« Wenn man jedoch bedenkt, wie viel Durchhaltevermögen, Seelengröße, Eifer und Selbstlosigkeit es gebraucht hat, um dieses Ergebnis zu erreichen, dann bekommt man wie Giono »eine unbegrenzte Hochachtung vor diesem alten Bauern ohne Bildung, der aber dieses Werk zu schaffen wusste, das Gottes würdig ist«.

Mich und andere Männer hat diese Geschichte aufgewühlt und begeistert (vgl. Stefan Pahl, Der Mann mit den Bäumen. Über Charakter, menschliche Berufung und göttliches Wesen, in: AUFATMEN, 2/2013, S. 68ff.). Sie stellt mir die Frage nach meiner Berufung. Was kann und will ich auf dieser Erde hinterlassen? Was ist meine Aufgabe? Was sind meine »Bäume«, die ich zu pflanzen habe? Wie kann ich an der Schöpfung und Erhaltung der Welt mitwirken und darin zum Mitarbeiter Gottes werden? Die Geschichte von Elzéard Bouffier macht deutlich: Das Entscheidende, damit Bäume wachsen, tut nicht der, der sie pflanzt. Das Entscheidende ist Gottes Werk. Es sind so viele Faktoren, die sich der menschlichen Planungen und Verfügung entziehen und die über den Erfolg entscheiden: die Beschaffenheit des Bodens, der Saat, die Witterung und vieles mehr. Und doch ist der Mensch gewürdigt, am Schöpfungswerk Gottes mitzuwirken und es zu erhalten. So wie Elzéard Bouffier jeden Tag treu seiner Aufgabe nachging, so bin ich herausgefordert, meine Berufung zu leben: jeden Tag mit Sorgfalt, Liebe, Gelassenheit und Disziplin zu säen.

Eine erste wichtige Berufung in meinem Leben ist meine Familie, meine Ehe, in der ich lebe, meine Kinder. Es ist die einzige Aufgabe, die ich nicht delegieren kann. Auch hier gilt: Das Entscheidende ist Geschenk, ist Gottes Werk. Die Liebe meiner Frau und meiner Kinder habe ich mir nicht verdient. Gesundheit und Wohlergehen hängen nur sehr bedingt von meinem eigenen Verhalten ab. Was bedeutet es, in Partnerschaft und Familie Frucht zu bringen? Mit Sorgfalt, Liebe, Gelassenheit und Disziplin zu säen? Welche Worte säe ich? Wie verhalte ich mich im täglichen Umgang mit ihnen? Auch hier braucht es Sorgfalt, Geduld, Wiederholungen Tag für Tag. Es gibt Worte und Verhaltensweisen, die meiner Frau und meinen Kindern immer wieder guttun, und andere, die verletzen und zerstören.

Was ist mit meiner Arbeit? Dass Männer in ihrem Beruf auch eine Berufung erleben, ist nicht selbstverständlich. Viele sehen in ihrer beruflichen Arbeit keine sinnvolle Tätigkeit und leiden dabei an Entfremdung, Monotonie, Über- oder Unterforderung, Stress und vielem mehr. Wer jedoch auch hier jeden Tag mit Sorgfalt, Liebe, Gelassenheit und Disziplin über Jahre hin sät, der kann in Wissenschaft, Technik, in der Firma und im Geschäft oder anderswo Samen aufgehen und Früchte wachsen sehen, die zum Segen für andere werden. Große Entdeckungen, Erfindungen, Erfolge der Menschheit gehen auf solche langjährigen, sorgfältigen und visionären Arbeiten zurück, wie sie in der Geschichte Elzéard Bouffiers beschrieben sind.

Es fasziniert mich, diese Erkenntnis auf alle Bereiche meines Lebens zu übertragen und immer wieder das Zusammenspiel zwischen Gottes entscheidendem Tun und meiner Verantwortung zu bedenken und mich zu fragen: Wie gehe ich mit mir selbst um, mit meinem Körper, meiner Gesundheit? Was säe ich an Bildern, Begegnungen, Erfahrungen in meiner Seele und in die Seelen anderer? Wie lebe ich Freundschaft? Wie arbeite ich mit an der Sache

Gottes in dieser Welt? Jeden Tag mit Sorgfalt, Liebe, Gelassenheit und Disziplin?

Die Botschaft der Geschichte vom »Mann mit den Bäumen« lautet: Säe. Höre nie auf damit. Tu das, was den Notstand, der dir vor Augen steht, verändert. Tu das, was Gott dir aufträgt. Mit Sorgfalt, Liebe, Gelassenheit und Disziplin. Und warte geduldig, was Gott daraus machen wird.

Allen, die sich bei solchen Aufgaben überfordert und im Stress fühlen, sei entlastend gesagt, dass der Erfolg nicht in unserer Hand liegt und dass die Erfolgsquote vermutlich geringer ist, als wir manchmal denken. Elzéard Bouffier war sich bewusst, dass nur zehn Prozent seiner Saat aufgeht und Frucht bringt. Das ist nicht viel. Ob wir erfolgsorientierten deutschen Männer eine derartige Fehlerquote überhaupt denken können oder auch nur halbwegs akzeptabel finden? Ist das hinnehmbar, dass vielleicht nur jeder zehnte Tag meiner beruflichen Arbeit auf längere Sicht hin fruchtbar ist? Kann ich es denken und ertragen, dass vielleicht nur jeder zehnte Satz das Herz meiner Kinder erreicht und Frucht bringt? Das kann mich andererseits auch entlasten. Elzéard Bouffier pflanzte 1,6 Millionen Eicheln, aus denen ca. 160 000 Bäume entstanden. Das sind 160 000 mehr, als wenn er von vornherein resigniert oder sich nicht angesprochen gefühlt hätte.

Weil ich als Mann »Samenträger« bin, wie Richard Rohr sagt, nicht nur im biologischen, sondern auch im alltäglichen und spirituellen Zusammenhang, will ich nicht aufhören zu säen. Das ist meine Profession und das ist meine Stärke: den Samen des Glaubens, der Hoffnung und der Liebe reichlich auszustreuen.

Aufhören will ich stattdessen damit, jedem nicht aufgegangenen Samen gefrustet hinterherzutrauern. Elzéard Bouffier hätte es gewiss depressiv gemacht, wenn er jeden Tag die neunzig Eicheln beweint hätte, die nicht aufgingen oder von Tieren gefressen wurden.

Wer mit Menschen arbeitet, sieht manchmal über Wochen, Monate, Jahre kaum Früchte. Und dann oft auch nur kleine Sprösslinge, die noch längst nicht stabil und selbstständig sind – nach Jahren an Investition und Saat. Aber mich motiviert die Geschichte des Mannes mit den Bäumen. Sie sagt mir: Hör nie auf zu säen. Tu du deinen Job mit Sorgfalt, Liebe, Gelassenheit und Disziplin. Und lass Gott den seinen tun.

Martin Luther berichtet von einer seiner vielen Reisen in einem Brief an seine Frau, dass er und seine Mitarbeiter das Evangelium reichlich ausgebreitet und verkündet hätten. »Aber nun freue ich mich schon auf zu Haus, auf dich und dein selbstgebrautes Bier. Wenn ich wieder daheim bin, dann wollen wir Bier trinken und Gott sorgen lassen«, schreibt der Reformator, wissend, dass das Entscheidende jetzt Gott selbst tun wird. »Bier trinken und Gott sorgen lassen« – wie viel Gelassenheit und Gottvertrauen liegt in diesem Satz!

Übung: Wie ein Baum

Die Vorstellung, der Mensch sei wie ein Baum, ist in der Meditation sehr verbreitet. Auch die Spiritualität eines Menschen kann in der Metapher vom Baum sehr gut zum Ausdruck gebracht und erlebt werden.

Ich lade ein zu der folgenden Übung, bei der man sich wie ein Baum im Boden verwurzelt und zum Himmel hin ausstreckt. Unten spüren wir dann den Boden, in dem wir wurzeln, und über uns den Himmel, zu dem wir uns ausstrecken. Mit unserem Kopf und den Haaren bilden wir sozusagen eine Baumkrone. Wir lassen mit dem Atem das Leben zwischen den Wurzeln und der Baumkrone hinaufströmen. Die Meditation kann zum Gebet werden.

Zunächst sollte man sich überlegen, welcher Baum man jetzt sein möchte. Vielleicht eine *Birke*, die sich mit einem weißen, weichen Stamm in die Höhe schwingt, mit vielen kleinen beweglichen Blättern an ihren Zweigen? Oder lieber eine *Eiche*, die schon lange an ihrem Ort steht und Kraft, Dauer und Präsenz verkörpert? Oder eine *Zeder* mit dem immergrünen Kleid, die sich bewegt und die sich vom Wind biegen lässt und so manche Dürre und Trockenzeit überstanden hat? Vielleicht auch ein *Apfelbaum* mit saftigen Früchten? Oder ein anderer Baum?

Nun zur Übung selbst:

- Stehe aufrecht, die Beine in hüftbreitem Abstand zueinander.
- Spüre deine Füße im Kontakt zum Boden.

- Nimm wahr, wie die Füße das ganze Gewicht deines Körpers tragen und zum Boden hin abgeben.
- Spüre deinen Atem, wie er kommt und geht.
- Richte deine Aufmerksamkeit jetzt auf das Ausatmen und atme tief in Richtung Boden aus.
- Stelle dir vor, du bildest mit jedem Ausatmen in Richtung Boden Wurzeln, die in der Erde in die Breite und in die Tiefe wachsen.
- Nimm wahr, wie sich langsam ein ganzes Geflecht von Wurzeln in der Erde ausbildet.
- Jetzt richte deine Aufmerksamkeit auf das Einatmen und zieh mit dem Einatmen Kraft und Lebenssaft aus dem Boden und durch das Geflecht der Wurzel nach oben in den Stamm.
- Mit jedem Einatmen aus dem Boden strömt jetzt Kraft in den Stamm und lässt das Bäumchen allmählich zum Baum wachsen.
- Mit der Kraft aus der Erde wächst nun langsam der Baum in die Höhe, bildet Äste und Zweige, an denen Blätter und Früchte wachsen.
- Nun spüre, wie die Sonne dich bescheint, spüre ihre Wärme.
- Spüre, wie der Wind kräftig an dir rüttelt und dich hin und her wanken lässt.
- Wie Regen dich erfrischt.
- Und wie die Vögel des Himmels sich in deiner Krone niederlassen.

Du kannst diese Meditation mit einem Gebet abschließen:

Ich stehe
Gott
vor dir
gebunden an die Erde
die du liebst

Ich stehe
Gott
vor dir
ausgestreckt zum Himmel
den du versprichst

Ich stehe
Gott
vor dir
als Sohn/Tochter
des Himmels und der Erde

Ich stehe
Gott
vor dir
der Erde treu
und offen für dich
Anton Rotzetter

- Nun verabschiede dich von deinem Baum, löse langsam die Füße von deinem Standort und tritt bewusst aus der Imagination des Baumes heraus, sodass ihr wieder zwei Wesen seid.

- Entferne dich einige Schritte von deinem Baum und nimm das Gefühl der Dankbarkeit wahr, das in dir aufsteigen kann.
- Du kannst dich mit deinem Baum verabreden und so oft du magst wiederkommen.

Literaturverzeichnis

Bardehle, Doris; Stiehler, Matthias (Hrsg.): Erster Deutscher Männergesundheitsbericht. Ein Pilotbericht, München 2010

Bly, Robert: Eisenhans. Ein Buch über Männer, München 1991

Bönt, Ralf: Das entehrte Geschlecht. Ein notwendiges Manifest für Männer, München 2012

Bruder, Otto: Christofferus. Ein Legendenspiel, München 1929

Eldredge, John: Der ungezähmte Mann. Auf dem Weg zu einer neuen Männlichkeit, Gießen 2004

Engelbrecht, Martin; Rosowski, Martin: Was Männern Sinn gibt – Leben zwischen Welt und Gegenwelt, Stuttgart 2007

Fox, Matthew: Die verborgene Spiritualität des Mannes. Zehn Anregungen zum Erwecken der eigenen Männlichkeit, Uhlstädt-Kirchhasel 2011

Gerland, Manfred: Meine Seele erhebt den Herrn. Eine evangelische Pilgerreise zu Maria, Leipzig 2007

Gerland, Manfred: Faszination Pilgern. Eine Spurensuche, Leipzig 2009

Giono, Jean: Der Mann mit den Bäumen (broschiert), Zürich 1981

Greiner, Dorothea; Noventa, Erich; Raschzok, Klaus; Schödl, Albrecht (Hrsg.): Wenn die Seele zu atmen beginnt. Geistliche Begleitung in evangelischer Perspektive, Leipzig 2007

Grün, Anselm: Kämpfen und Lieben. Wie Männer zu sich selbst finden, München 2011

Grün, Anselm: Lebensmitte als geistliche Aufgabe, Münsterschwarzach 1980

Grün, Anselm: Wunden zu Perlen verwandeln. Die 14 Nothelfer als Ikonen der Heilung, 6. Aufl., Münsterschwarzach 2006

Haendler, Otto: Christophorus. Die Legende als Bild des Glaubensweges, Berlin 1951

Hammer, Eckart: Männer altern anders. Eine Gebrauchsanweisung,
Freiburg 2010

Hammer, Eckart: Das Beste kommt noch – Männer im Unruhestand. Erfahrungen – Orientierungen – Tipps, Freiburg 2010

Hauptmann, Gerhart: Der neue Christophorus. Roman, Berlin 1976

Hochholzer, Martin; Kugler, Tilmann: Werkbuch Männerspiritua-
lität. Impulse – Bausteine – Gottesdienste im Kirchenjahr, Freiburg 2007

Hofer, Markus: Männer glauben anders, Innsbruck 2003

Hüther, Gerald: Männer – das schwache Geschlecht und sein Gehirn, Göttingen 2009

Initiation. Wann ist ein Mann ein Mann?, in: konfer normal Nr. 88,
12/2003

Jens, Walter; Küng, Hans: Menschenwürdig sterben. Ein Plädoyer
für Selbstverantwortung, München 1995

Jörns, Klaus-Peter: Notwendige Abschiede. Auf dem Weg zu einem
glaubwürdigen Christentum, Gütersloh 2010

Josuttis, Manfred: Petrus, die Kirche und die verdammte Macht,
Stuttgart 1993

Josuttis, Manfred: Gottesliebe und Lebenslust. Beziehungsstörun-
gen zwischen Religion und Sexualität, Gütersloh 1994

Josuttis, Manfred: Die Einführung in das Leben. Pastoraltheologie
zwischen Phänomenologie und Spiritualität, Gütersloh 1996

Josuttis, Manfred: Segenskräfte. Potentiale einer energetischen Seelsorge, Gütersloh 2000

Josuttis, Manfred: Religion als Handwerk. Zur Handlungslogik spiritueller Methoden, Gütersloh 2002

Keen, Sam: Feuer im Bauch. Über das Mann-Sein, Hamburg 1992

Langer, Georg: Die Erotik der Kabbala, Düsseldorf 1989

Lebert, Andreas; Lebert, Stefan: Anleitung zum Männlichsein,
Frankfurt 2007

Legenda aurea des Jacobus de Voragine, aus dem Lateinischen übersetzt von Richard Benz, Heidelberg 1984

Linnemann, Gregor: Sterben Männer anders?, in: Sozial extra 10/2005

Melchers, Erna und Hans: Das große Buch der Heiligen. Geschichte und Legende im Jahreslauf, München 1996

Müller, Klaus E.: Das magische Universum der Identität. Elementarformen sozialen Verhaltens – ein ethnologischer Grundriss, Frankfurt 1987

Reblin, Klaus; Teichert, Wolfgang: Gottescourage. Geschichten vom ganz anderen Leben der Heiligen, Stuttgart 1981

Riess, Richard: Sehnsucht nach Leben. Spannungsfelder, Sinnbilder und Spiritualität der Seelsorge, Göttingen 1987

Rohner, Felix M.: Die Nacht des Feuers. Ein Modell für ein Initiationswochende für männliche Firmlinge und deren männliche Firmpaten, (nicht veröffentlichte) Diplomarbeit, 1998

Rohr, Richard: Der wilde Mann. Geistliche Reden zur Männerbefreiung, München 1988

Rohr, Richard: Der befreite Mann. Biblische Ermutigungen, München 2005

Rohr, Richard: Endlich Mann werden. Die Wiederentdeckung der Initiation, München 2005

Rohr, Richard: Vom wilden Mann zum weisen Mann, München 2006

Rohr, Richard; Fthenakis, Wassilios E.: Vater, Sohn und Männlichkeit. Wie der Mann zum Mann wird, Kevelaer 2008

Rosowski, Martin; Ruffing, Andreas: Krafträume. Gedanken und Gebete für Männer, Kevelaer 2006

Rotzetter, Anton: Gott, der mich atmen lässt. Gebete, Freiburg 2012

Schineis, Ulrich: Gott suchen in der Wildnis, in: AUFATMEN 4/2013, S. 8ff.

Schubart, Walter: Religion und Eros, 1941, Neuausgabe München 1966

Sloterdijk, Peter: Weltfremdheit, Frankfurt 1993

Stiehler, Matthias: Der Männerversteher. Die neuen Leiden des starken Geschlechts, München 2010

Thurnwald, Andrea K.: »Fromme Männer« – eine empirische Studie zum Kontext von Biographie und Religion, Kohlhammer 2010

Volz, Rainer; Zulehner, Paul M.: Männer in Bewegung – Zehn Jahre Männerentwicklung in Deutschland, Baden-Baden 2009

Walser, Christoph; Wild, Peter: Men's Spirit. Spiritualität für Männer, 2. Aufl., Freiburg 2002

Weißbach, Lothar; Stiehler, Matthias (Hrsg.): Männergesundheitsbericht 2013. Psychische Erkrankungen des Mannes, Bern 2013

Zander, Hans Conrad: Als die Religion noch nicht langweilig war. Die Geschichte der Wüstenväter, Köln 2001